图解法律 丛书　法律原来如此好看

GRAPHIC

图解民法典
侵权责任编

图解法律团队　编

法律出版社
LAW PRESS·CHINA

——— 北京 ———

图书在版编目（CIP）数据

图解民法典. 侵权责任编 / 图解法律团队编. --
北京：法律出版社，2025. -- （图解法律丛书）.
ISBN 978 - 7 - 5197 - 9721 - 8

I . D923.04

中国国家版本馆 CIP 数据核字第 20250T27B2 号

图解法律丛书

图解民法典·侵权责任编
TUJIE MINFADIAN·
QINQUAN ZERENBIAN

图解法律团队 编

策划编辑 林 蕊
责任编辑 周 洁
　　　　　 林 蕊
装帧设计 李 瞻

出版发行	法律出版社	开本	880 毫米×1240 毫米 1/32
编辑统筹	司法实务出版分社	印张 3.75	字数 126 千
责任校对	李慧艳	版本	2025 年 2 月第 1 版
责任印制	胡晓雅	印次	2025 年 2 月第 1 次印刷
经　　销	新华书店	印刷	三河市龙大印装有限公司

地址：北京市丰台区莲花池西里 7 号（100073）
网址：www.lawpress.com.cn　　　　销售电话：010 - 83938349
投稿邮箱：info@lawpress.com.cn　　客服电话：010 - 83938350
举报盗版邮箱：jbwq@lawpress.com.cn　咨询电话：010 - 63939796
版权所有·侵权必究

书号：ISBN 978 - 7 - 5197 - 9721 - 8　　定价：35.00 元

凡购买本社图书，如有印装错误，我社负责退换。电话：010 - 83938349

图解法律：法律原来这么"好看"（代序）

欢迎来到"图解法律"的世界！
我们将用"图解法律"丛书解读法律的格式展现每篇的结构和特点。

▌这是一套什么书？

解读 融合理论与实务知识，不求精深、细碎，追求务实精炼，帮助读者用更少的时间、精力获得更多知识。

案例 选取相关指导性案例、公报案例、入库案例，帮助读者更好地理解法条内容。

> 追求"词典"式解读方式，注释位置紧随法条，免去来回翻阅查找之苦

> 我们想用一套不一样的丛书，帮助专业法律人重新快速、直观准确地了解我们"熟悉"的法律，帮助没有法律知识背景的人快速了解法律规定。实现这一目标的方式便是"图"。

法律 尽可能展示相关法律规定，拓展丰富，提升认知。

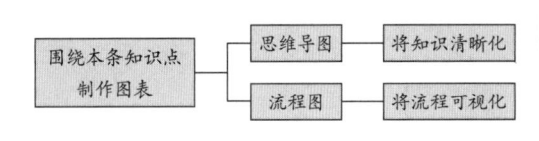

· 1 ·

本丛书编排独具匠心，内容丰富务实。

将图形化、可视化思维融入法律解读。

书中的条文都采取大图（图景）套小图（图表）的模式：

大图——围绕每个法律条文创作实用图景：中心为法条原文，并用导引线直接标注法律术语的解释、关键信息提示等。四周分别为"解读""法律""图表""案例"。

小图——思维导图、流程图紧扣每个法条的要点内容，一目了然，方便读者理解、记忆。

解读全面准确，逻辑清晰易懂。

本丛书从名词解释、法条解读、流程图表到典型案例，全方位对法条进行解读。无论是理论重点还是实务要点，都有专业解读，一应俱全。

本丛书还特别重视法律内部知识的逻辑勾连，注释部分尽量"用法条解释法条"，延伸也特别注意本法相关法条的收集整理，帮助读者融会贯通。

多种使用场景，满足不同读者需要。

这套书有多种打开方式：你可以当它是法条，小巧便携，方便查阅；你可以当它是学习辅导书和实务指南，分析专业，晓畅明白；你可以当它是法律小词典，细化术语，解读丰富；你可以当它是法考复习资料，提炼要点，图表易记；你还可以当它是普法读本，深入浅出，易于理解。

图解法律的 N 种使用方式，等您来开启。

图解法律团队
2024 年 12 月

目录
CONTENTS

第一章　一般规定 …………………………………………………………… 1

第一千一百六十四条　侵权责任编的调整范围 ………………………………… 2

第一千一百六十五条　过错责任原则 …………………………………………… 3

第一千一百六十六条　无过错责任原则 ………………………………………… 4

第一千一百六十七条　危及他人人身、财产安全的责任承担方式 …………… 5

第一千一百六十八条　共同侵权 ………………………………………………… 6

第一千一百六十九条　教唆侵权、帮助侵权 …………………………………… 7

第一千一百七十条　共同危险行为 ……………………………………………… 8

第一千一百七十一条　无意思联络分别侵权的责任 …………………………… 9

第一千一百七十二条　分别侵权承担按份责任 ………………………………… 10

第一千一百七十三条　与有过错 ………………………………………………… 11

第一千一百七十四条　受害人故意 ……………………………………………… 12

第一千一百七十五条　第三人过错 ·· 13

　　第一千一百七十六条　自甘风险 ·· 14

　　第一千一百七十七条　自力救济 ·· 15

　　第一千一百七十八条　优先适用特别规定 ·· 16

第二章　损害赔偿 ··· 17

　　第一千一百七十九条　人身损害赔偿范围 ·· 18

　　第一千一百八十条　以相同数额确定死亡赔偿金 ·· 20

　　第一千一百八十一条　被侵权人死亡时请求权主体的确定 ·· 21

　　第一千一百八十二条　侵害人身权益造成财产损失的赔偿数额的确定 ························ 22

　　第一千一百八十三条　精神损害赔偿 ·· 23

　　第一千一百八十四条　财产损失的计算方式 ·· 24

　　第一千一百八十五条　侵害知识产权的惩罚性赔偿 ·· 25

　　第一千一百八十六条　公平责任原则 ·· 26

　　第一千一百八十七条　赔偿费用支付方式 ·· 27

第三章　责任主体的特殊规定 ··· 28

　　第一千一百八十八条　监护人责任 ·· 30

　　第一千一百八十九条　委托监护责任 ·· 31

　　第一千一百九十条　丧失意识后的侵权责任 ·· 32

第一千一百九十一条　用人单位责任和劳务派遣单位、劳务用工单位责任·················33

第一千一百九十二条　个人劳务关系中的侵权责任································34

第一千一百九十三条　承揽关系中的侵权责任····································35

第一千一百九十四条　网络侵权责任··36

第一千一百九十五条　网络服务提供者侵权补救措施与责任承担······················37

第一千一百九十六条　不存在侵权行为声明··39

第一千一百九十七条　网络服务提供者的连带责任··································40

第一千一百九十八条　安全保障义务人责任··41

第一千一百九十九条　教育机构的过错推定责任····································42

第一千二百条　教育机构的过错责任··43

第一千二百零一条　在教育机构内第三人侵权时的责任分担··························44

第四章　产品责任···45

第一千二百零二条　产品生产者责任··46

第一千二百零三条　被侵权人请求损害赔偿的途径和先行赔偿人追偿权················47

第一千二百零四条　生产者和销售者对有过错第三人的追偿权························48

第一千二百零五条　因产品缺陷危及他人人身、财产安全的责任承担方式··············49

第一千二百零六条　流通后发现有缺陷的补救措施和侵权责任························50

第一千二百零七条　产品责任惩罚性赔偿··51

·3·

第五章　机动车交通事故责任 ·· 52

　　第一千二百零八条　机动车交通事故责任的法律适用 ························· 53

　　第一千二百零九条　机动车所有人、管理人与使用人不一致时的侵权责任 ··· 54

　　第一千二百一十条　转让并交付但未办理登记的机动车侵权责任 ········· 55

　　第一千二百一十一条　挂靠机动车侵权责任 ······································ 56

　　第一千二百一十二条　未经允许驾驶他人机动车侵权责任 ··················· 57

　　第一千二百一十三条　交通事故责任承担主体赔偿顺序 ······················ 58

　　第一千二百一十四条　拼装车或报废车侵权责任 ································ 59

　　第一千二百一十五条　盗窃、抢劫或抢夺机动车侵权责任 ··················· 60

　　第一千二百一十六条　肇事后逃逸责任及受害人救济 ························· 61

　　第一千二百一十七条　好意同乘的责任承担 ······································ 62

第六章　医疗损害责任 ·· 63

　　第一千二百一十八条　医疗损害责任归责原则和责任承担主体 ············· 64

　　第一千二百一十九条　医务人员说明义务和患者知情同意权 ················ 65

　　第一千二百二十条　紧急情况下知情同意的特殊规定 ························· 66

　　第一千二百二十一条　诊疗活动中医务人员过错的界定 ······················ 67

　　第一千二百二十二条　推定医疗机构有过错的情形 ···························· 68

　　第一千二百二十三条　药品、消毒产品、医疗器械的缺陷，或者输入不合格血液的侵权责任 ··· 69

　　第一千二百二十四条　医疗机构免责情形 ··· 70

第一千二百二十五条	医疗机构对病例资料的义务、患者对病历资料的权利	71
第一千二百二十六条	患者隐私和个人信息保护	72
第一千二百二十七条	禁止违规过度检查	73
第一千二百二十八条	维护医疗机构及其医务人员合法权益	74

第七章　环境污染和生态破坏责任 ··· 75

第一千二百二十九条	污染环境、破坏生态致损的侵权责任	76
第一千二百三十条	环境污染、生态破坏侵权举证责任	77
第一千二百三十一条	两个以上侵权人的责任确定	78
第一千二百三十二条	环境污染、生态破坏侵权的惩罚性赔偿	79
第一千二百三十三条	因第三人的过错污染环境、破坏生态的侵权责任	80
第一千二百三十四条	生态环境修复责任	81
第一千二百三十五条	生态环境损害赔偿范围	82

第八章　高度危险责任 ··· 83

第一千二百三十六条	高度危险责任的一般规定	84
第一千二百三十七条	民用核设施或者核材料致害责任	85
第一千二百三十八条	民用航空器致害责任	86
第一千二百三十九条	占有或者使用高度危险物致害责任	87
第一千二百四十条	从事高空、高压、地下挖掘活动或者使用高速轨道运输工具致害责任	88
第一千二百四十一条	遗失、抛弃高度危险物致害责任	89

第一千二百四十二条　　非法占有高度危险物致害责任 ·· 90

　　第一千二百四十三条　　高度危险场所安全保障责任 ······································ 91

　　第一千二百四十四条　　高度危险责任赔偿限额 ·· 92

第九章　饲养动物损害责任 ·· 93

　　第一千二百四十五条　　饲养动物致害责任的一般规定 ·································· 94

　　第一千二百四十六条　　违反规定未对动物采取安全措施致害责任 ·············· 95

　　第一千二百四十七条　　禁止饲养的危险动物致害责任 ·································· 96

　　第一千二百四十八条　　动物园的动物致害责任 ·· 97

　　第一千二百四十九条　　遗弃、逃逸的动物致害责任 ······································ 98

　　第一千二百五十条　　因第三人的过错致使动物致害责任 ···························· 99

　　第一千二百五十一条　　饲养动物应履行的义务 ·· 100

第十章　建筑物和物件损害责任 ·· 101

　　第一千二百五十二条　　建筑物、构筑物或者其他设施倒塌、塌陷致害责任 ·········· 102

　　第一千二百五十三条　　建筑物、构筑物或者其他设施及其搁置物、悬挂物发生脱落、坠落致害责任 ·········· 103

　　第一千二百五十四条　　不明抛掷物、坠落物致害责任 ································ 104

　　第一千二百五十五条　　堆放物倒塌、滚落或者滑落致害责任 ···················· 105

　　第一千二百五十六条　　在公共道路上堆放、倾倒、遗撒妨碍通行的物品致害责任 ········ 106

　　第一千二百五十七条　　林木折断、倾倒或者果实坠落等致害责任 ············ 107

　　第一千二百五十八条　　在公共场所或者道路上挖掘、修缮安装地下设施等及窨井等地下设施致害责任 ······ 108

第一章 一般规定

一般规定

- **侵权责任编的调整范围** —— 因侵害民事权益产生的民事关系
- **过错责任原则**
  - 因过错侵害他人民事权益造成损害的，应当承担侵权责任
  - 依照法律规定推定行为人有过错，其不能证明自己没有过错，应当承担侵权责任
- **无过错责任原则** —— 不论行为人有无过错，法律规定应当承担侵权责任的
- **危及他人人身、财产安全的责任承担方式** —— 被侵权人有权请求侵权人承担停止侵害、排除妨碍、消除危险等侵权责任
- **共同侵权** —— 二人以上共同实施侵权行为，造成他人损害的，应当承担连带责任
- **教唆侵权、帮助侵权**
  - 行为人是完全民事行为能力人的 —— 教唆人、帮助人与行为人承担连带责任
  - 行为人是无民事行为能力人、限制民事行为能力人的
    - 教唆人、帮助人承担侵权责任
    - 行为人的监护人未尽到监护职责的，应当承担相应的责任
- **共同危险行为**
  - 能够确定具体侵权人的 —— 由侵权人承担责任
  - 不能确定具体侵权人的 —— 行为人承担连带责任
- **无意思联络分别侵权的责任** —— 行为人承担连带责任
- **分别侵权**
  - 能够确定责任大小的 —— 各自承担相应的责任
  - 难以确定责任大小的 —— 平均承担责任
- **与有过错** —— 被侵权人对同一损害的发生或者扩大有过错的，可以减轻侵权人的责任
- **受害人故意** —— 行为人不承担责任
- **损害是因第三人造成的** —— 第三人应当承担侵权责任
- **自甘风险**
  - 其他参加者
    - 一般不承担侵权责任
    - 对损害的发生有故意或者重大过失的除外
  - 活动组织者 —— 承担安全保障责任
- **自力救济**
  - 受害人可以在保护自己合法权益的必要范围内采取扣留侵权人的财物等合理措施
  - 受害人采取的措施不当造成他人损害的，应当承担侵权责任
- **优先适用特别规定** —— 本法和其他法律对不承担责任或者减轻责任的情形另有规定的，依照其规定

第一千一百六十四条　侵权责任编的调整范围

解读 本条是关于侵权责任编调整范围的规定。侵权责任编的保护对象为"民事权益"，包括自然人的民事权利和法人、非法人组织的民事权利。侵权责任编不调整违约责任问题，违约责任主要由合同编调整。但是，如果第三人实施侵害债权的行为，具有过错，能够构成相应侵权行为，可由侵权责任编调整。

案例 指导性案例99号　葛长生诉洪振快名誉权、荣誉权纠纷案

图表

合同债权是一种民事权益，但它原则上由合同编调整。然而，第三人侵害债权的行为足够恶劣，其有过错，能够构成相应侵权行为的，可由本编调整

可参见《民法典》第一编第五章

第一千一百六十四条
本编调整因侵害民事权益产生的民事关系。

《民法典》规定的民事权益：

自然人：
- 第109条：人身自由、人格尊严
- 第110条：生命权、身体权、健康权、姓名权、肖像权、名誉权、荣誉权、隐私权、婚姻自主权等
- 第111条：个人信息
- 第112条：因婚姻家庭关系等产生的人身权利
- 第113条：财产权利
- 第114条：物权
- 第118条：债权
- 第123条：知识产权
- 第124条：继承权
- 第125条：股权和其他投资性权利
- 第127条：数据、网络虚拟财产

法人和非法人组织：
- 第110条：名称权、名誉权和荣誉权
- 第113条：财产权利
- 第114条：物权
- 第118条：债权
- 第123条：知识产权
- 第125条：股权和其他投资性权利
- 第127条：数据、网络虚拟财产

法律
《民法典》第109~114、118~120、123~130条
《妇女权益保障法》第19~21、28、35条
《未成年人保护法》第3条
《公司法》第21、57、88、90条
《著作权法》第2条
《专利法》第11条
《商标法》第3条

第一千一百六十五条　过错责任原则

解读 本条第1款是关于过错责任原则的规定。只有同时满足四个条件，行为人才承担侵权责任：(1)行为人实施了某一行为。若无行为人的行为，就不会产生侵权责任。(2)行为人行为时有过错。过错是行为人行为时的一种应受谴责的心理状态。过错分为故意和过失。故意是指行为人预见自己的行为会导致某一损害后果而希望或者放任该后果发生。过失是指行为人因疏忽或者轻信而使自己未履行应有注意义务。(3)受害人的民事权益受到损害，即要求有损害后果。(4)行为人的行为与受害人的损害之间有因果关系。因果关系是指行为人的行为作为原因，损害事实作为结果，二者之间存在前者导致后者发生的客观联系。本条第2款是关于过错推定的规定。依照法律规定推定行为人有过错，行为人不能证明自己没有过错的，才承担侵权责任。

通常由受害人证明行为人有过错，但在法律有特殊规定的情况下，推定行为人有过错，行为人负有证明自己没有过错的责任，否则承担不利后果。

案例
指导性案例98号　张庆福、张殿凯诉朱振彪生命权纠纷案
指导性案例142号　刘明莲、郭丽丽、郭双双诉孙伟、河南兰庭物业管理有限公司信阳分公司生命权纠纷案
公报案例2017年第8期　伊立军与中国工商银行股份有限公司盘锦分行银行卡纠纷案

图表

第一千一百六十五条　行为人因过错侵害他人民事权益造成损害的，应当承担侵权责任。
依照法律规定推定行为人有过错，其不能证明自己没有过错的，应当承担侵权责任。

— 故意或过失
— 行为人的行为对受害人的民事权益造成的不利后果

承担过错责任的条件：
- 行为人实施了某一行为 — 作为／不作为
- 行为人有过错 — 故意（追求、放任损害后果）／过失（不追求、不放任）
- 受害人的民事权益受到损害
- 行为人的行为与受害人受到的损害之间有因果关系 — 行为／客观联系／结果

过错责任：受害人承担行为人有过错的证明责任
过错推定：行为人承担自己没有过错的证明责任

第一千一百六十六条　无过错责任原则

第1章 1164~1178

解读 无过错责任是指不以行为人的过错为要件，只要其活动或者所管理的人、物损害了他人的民事权益，除非有法定的免责事由，否则行为人就要承担侵权责任。无过错责任的构成要件有四个：一是有侵权行为；二是受害人受到损害；三是行为与损害之间具有因果关系；四是法律规定应当承担侵权责任，即不存在法定的免责情形。

案例 2024-11-2-377-002　王某诉临沂某公司环境污染责任纠纷案

第一千一百六十六条　行为人造成他人民事权益损害，不论行为人有无过错，法律规定应当承担侵权责任的，依照其规定。

- 行为人的行为对受害人的民事权益造成的不利后果
- 《民法典》或者其他法律明确规定该类案件不以过错为承担责任的条件

图表

对比项目	过错责任	无过错责任
侵权行为	有	有
受害人的损害	有	有
行为与损害之间具有因果关系	有	有
行为人有过错	有或者推定有	不要求
适用条件	一般情况	法律规定应当承担侵权责任的情况

法律　《民法典》第 1202、1229、1236、1245 条
《产品质量法》第 41 条

第一千一百六十七条　危及他人人身、财产安全的责任承担方式

解读 本条是关于危及他人人身、财产安全的责任承担方式的规定。在侵权行为的后果还没有出现时，赋予被侵权人一定的请求权以发挥预防性的功能，防止损害后果的扩大，维护被侵权人的合法权益，能够更加及时地、充分地发挥法律的功能，获得更好的社会和法律效果。

案例 指导性案例206号　北京市人民检察院第四分院诉朱清良、朱清涛环境污染民事公益诉讼案

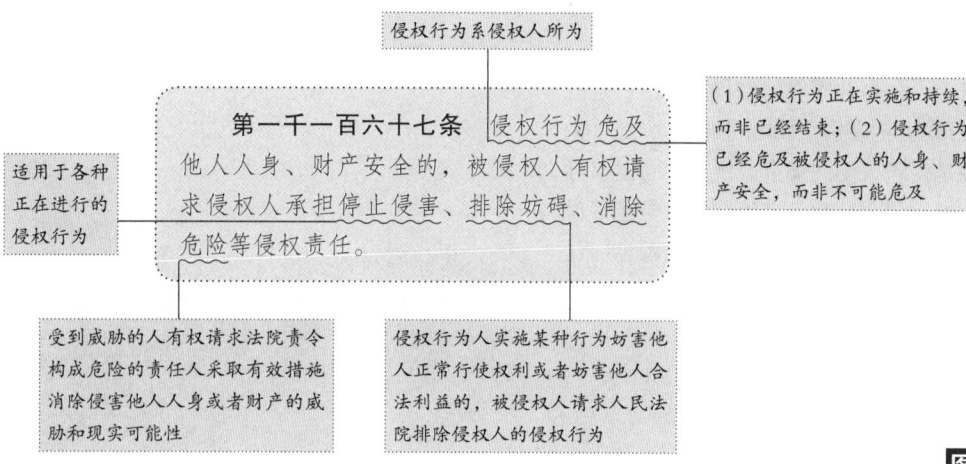

法律　《民法典》第179条
《著作权法》第56条
《专利法》第72条
《商标法》第65、66条

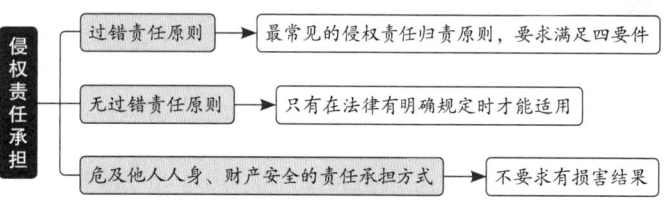

第一千一百六十八条 共同侵权

解读 共同侵权，是指数人共同不法侵害他人权益造成损害的行为。共同侵权行为需要满足以下几个要件：一是共同侵权行为的主体必须是两人或者两人以上；二是共同实施侵权行为；三是侵权行为与损害后果之间具有因果关系；四是受害人受到损害。成立共同侵权行为的，数个行为人必须对外承担连带责任，被侵权人有权请求部分或者全部行为人承担全部责任。

案例
指导性案例 175 号　江苏省泰州市人民检察院诉王小朋等59人生态破坏民事公益诉讼案
指导性案例 220 号　嘉兴市中某化工有限责任公司、上海欣某新技术有限公司诉王某集团有限公司、宁波王某科技股份有限公司等侵害技术秘密纠纷案

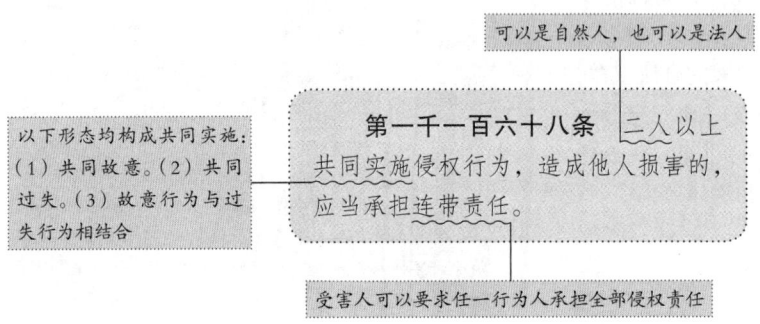

法律
《民法典》第 1171 条
《公司法》第 53 条
《最高人民法院关于审理垄断民事纠纷案件适用法律若干问题的解释》第 26 条
《最高人民法院关于审理使用人脸识别技术处理个人信息相关民事案件适用法律若干问题的规定》第 7 条

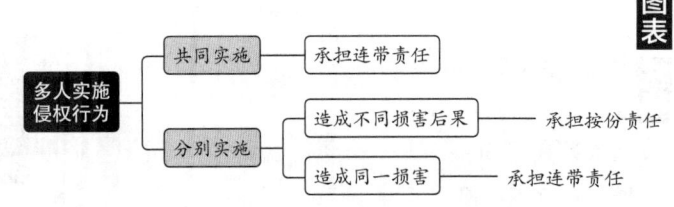

· 6 ·

第一千一百六十九条 教唆侵权、帮助侵权

解读 教唆和帮助行为属于法定的共同侵权行为中的一种类型。（1）教唆、帮助完全民事行为能力人实施侵权行为，需要满足以下要件：①教唆人、帮助人实施了教唆、帮助行为。②教唆人、帮助人具有教唆、帮助的主观意图。③被教唆人、被帮助人实施了相应的侵权行为。（2）教唆、帮助无民事行为能力人或者限制民事行为能力人实施侵权行为，与教唆、帮助完全民事行为能力人实施侵权行为的法律后果不同。

法律《最高人民法院关于适用〈中华人民共和国民法典〉侵权责任编的解释（一）》第12条
《最高人民法院关于审理垄断民事纠纷案件适用法律若干问题的解释》第26条
《最高人民法院关于审理生态环境侵权责任纠纷案件适用法律若干问题的解释》第10条
《最高人民法院关于适用〈中华人民共和国反不正当竞争法〉若干问题的解释》第15条
《最高人民法院关于审理使用人脸识别技术处理个人信息相关民事案件适用法律若干问题的规定》第7条

案例 2023-13-2-161-017 四川某科技股份公司诉云南某种业公司、云南某公司侵害植物新品种权纠纷案

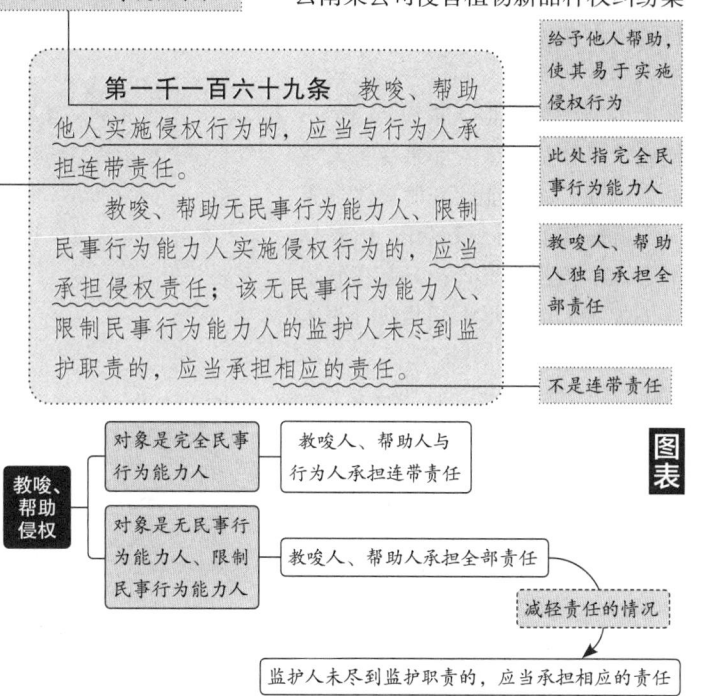

第一千一百七十条　共同危险行为

解读 本条是关于共同危险行为的规定。共同危险行为的构成要件如下：（1）行为主体是复数。每个行为人都实施了危及他人人身、财产安全的行为。（2）其中一人或者数人的行为造成他人损害。（3）不能确定具体加害人。如果受害人能够指认或者法院能够查明具体加害人，就是普通的侵权责任，由具体加害人承担侵权责任。只有在确定具体加害人的情形下，其他行为人才可以免除责任。

法律《最高人民法院关于审理道路交通事故损害赔偿案件适用法律若干问题的解释》第10条

《最高人民法院关于审理使用人脸识别技术处理个人信息相关民事案件适用法律若干问题的规定》第7条

案例 2023-16-2-001-001　张某诉北京某公司、四川某公司等生命权、身体权、健康权纠纷案

可以是自然人，也可以是法人

第一千一百七十条　二人以上实施危及他人人身、财产安全的行为，其中一人或者数人的行为造成他人损害，能够确定具体侵权人的，由侵权人承担责任；不能确定具体侵权人的，行为人承担连带责任。

此种情况为普通的侵权责任

共同危险行为的行为人

图表

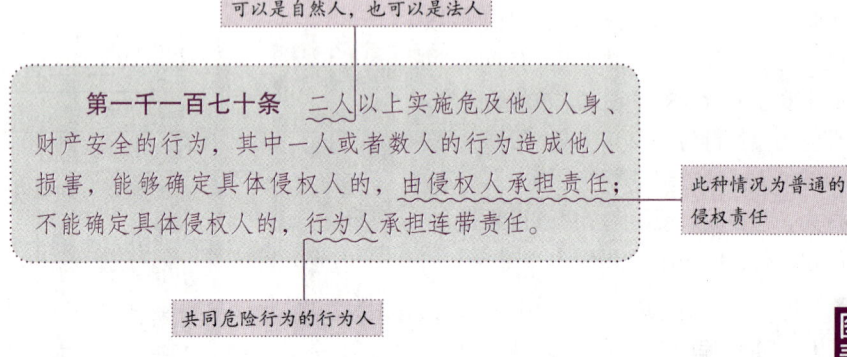

对比项目	共同侵权行为	共同危险行为
行为	二人以上共同实施侵权行为	二人以上实施危及他人安全的行为
损害结果	已造成损害	一人或者数人的行为造成他人损害
责任	行为人承担连带责任	能够确定具体侵权人的，由侵权人承担责任 不能确定具体侵权人的，行为人承担连带责任
适用规范	《民法典》第1168条	《民法典》第1170条

第一千一百七十一条 无意思联络分别侵权的责任

解读 本条是关于无意思联络分别实施侵权行为，但是都能造成全部损害时，承担连带责任的规定。其构成要件如下：（1）行为人是复数，每个人都实施了侵权行为。（2）造成同一损害后果。数个侵权行为造成的损害的性质是相同的，并且损害内容具有关联性。（3）每个人的侵权行为都足以造成全部损害。"足以"并不是指每个侵权行为都实际上造成了全部损害，而是指在没有其他侵权行为共同作用的情况下，独立的单个侵权行为也有可能造成全部损害。满足上述三个构成要件的，数个行为人就必须对造成的损害承担连带责任。

法律
《民法典》第 1168 条
《最高人民法院关于审理生态环境侵权责任纠纷案件适用法律若干问题的解释》第 5 条
《最高人民法院关于审理使用人脸识别技术处理个人信息相关民事案件适用法律若干问题的规定》第 7 条
《最高人民法院关于审理道路交通事故损害赔偿案件适用法律若干问题的解释》第 10 条

案例
2023-11-2-466-024 山东省济南市人民检察院诉济南某肿瘤医院有限公司、济南市某人民医院、中国人民解放军某部队医院环境污染民事公益诉讼案
2023-16-2-001-001 张某诉北京某公司、四川某公司等生命权、身体权、健康权纠纷案

第一千一百七十一条 二人以上分别实施侵权行为造成同一损害，每个人的侵权行为都足以造成全部损害的，行为人承担连带责任。

- 实施侵权行为的数个行为人之间不具有主观上的关联性，各个侵权行为都是相互独立的，即"无意思联络"
- 损害的性质是相同的，都是身体伤害或者财产损失，并且损害内容具有关联性
- 没有其他侵权行为共同作用的情况下，独立的单个侵权行为也有可能造成全部损害

图表

对比项目	共同侵权	分别侵权
主观方面	存在共同过失	不存在意思联络，不存在共同过失
损害	不要求必须是同一损害	必须是同一损害
适用规范	《民法典》第 1168 条	《民法典》第 1171 条
责任承担	连带责任	连带责任

第一千一百七十二条 分别侵权承担按份责任

解读 本条是关于无意思联络的分别侵权行为承担按份责任的规定。（1）其构成要件如下：①行为人是复数，每个人都实施了侵权行为。②造成同一损害后果。数个侵权行为所造成的损害的性质是相同的，并且损害内容具有关联性。（2）本条中各个行为人应当承担的责任分两种情况：①根据各个侵权行为对造成损害后果的可能性，能够确定责任大小的，行为人各自承担相应的责任。②由于案情复杂，很难分清每个侵权行为对损害后果的作用力，难以确定责任大小的，平均承担责任。

法律《民法典》第 1171 条
《最高人民法院关于审理生态环境侵权责任纠纷案件适用法律若干问题的解释》第 6 条
《最高人民法院关于审理道路交通事故损害赔偿案件适用法律若干问题的解释》第 10 条

案例
2024-16-2-143-001　薛某某诉贺兰县某镇人民政府、银川市某建设工程有限公司追偿权纠纷案
2023-16-2-001-002　谢某丽、刘某成诉罗某然、陈某蓉等 31 人、新疆生产建设兵团第三师四十九团生命权、身体权、健康权纠纷一案
2024-07-2-370-001　白某诉中国铁路某局集团有限公司、某某旅行社有限公司、第三人邢某违反安全保障义务责任纠纷案
2024-07-2-043-001　张某甲、朱某乙等诉邵某、朱某甲财产损害赔偿纠纷案

图表

损害的性质是相同的，都是身体伤害或者财产损失，并且损害内容具有关联性

实施侵权行为的数个行为人之间不具有主观上的关联性，各个侵权行为都是相互独立的，即"无意思联络"

结合过错程度、各个侵权行为与损害后果之间因果关系的紧密程度、公平原则以及政策考量等因素确定

第一千一百七十二条 二人以上分别实施侵权行为造成同一损害，能够确定责任大小的，各自承担相应的责任；难以确定责任大小的，平均承担责任。

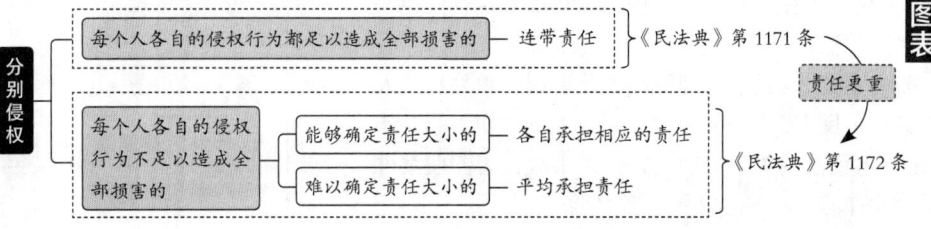

分别侵权
- 每个人各自的侵权行为都足以造成全部损害的 —— 连带责任 ——《民法典》第 1171 条
- 每个人各自的侵权行为不足以造成全部损害的
  - 能够确定责任大小的 —— 各自承担相应的责任
  - 难以确定责任大小的 —— 平均承担责任

责任更重 →《民法典》第 1172 条

第一千一百七十三条 与有过错

解读 本条是关于与有过错制度的规定。被侵权人对于损害的发生也有过错的情况下，使侵权人承担全部侵权责任有失公允。因此，侵权人可以以被侵权人有过错为由进行抗辩，要求减轻自己的侵权责任，实践中主要是减少损害赔偿的数额。本条中的损害必须是"同一"损害，指对一个性质相同的损害结果的发生，侵权人与被侵权人均有责任。

法律
《水污染防治法》第96条第3款
《道路交通安全法》第76条第1款
《民用航空法》第161条
《最高人民法院关于审理铁路运输人身损害赔偿纠纷案件适用法律若干问题的解释》第6、7条
《最高人民法院关于审理旅游纠纷案件适用法律若干问题的规定》第8、18、19条

案例
指导性案例24号 荣宝英诉王阳、永诚财产保险股份有限公司江阴支公司机动车交通事故责任纠纷案
公报案例2017年第6期 汪吉美诉仪征龙兴塑胶有限公司生命权纠纷案

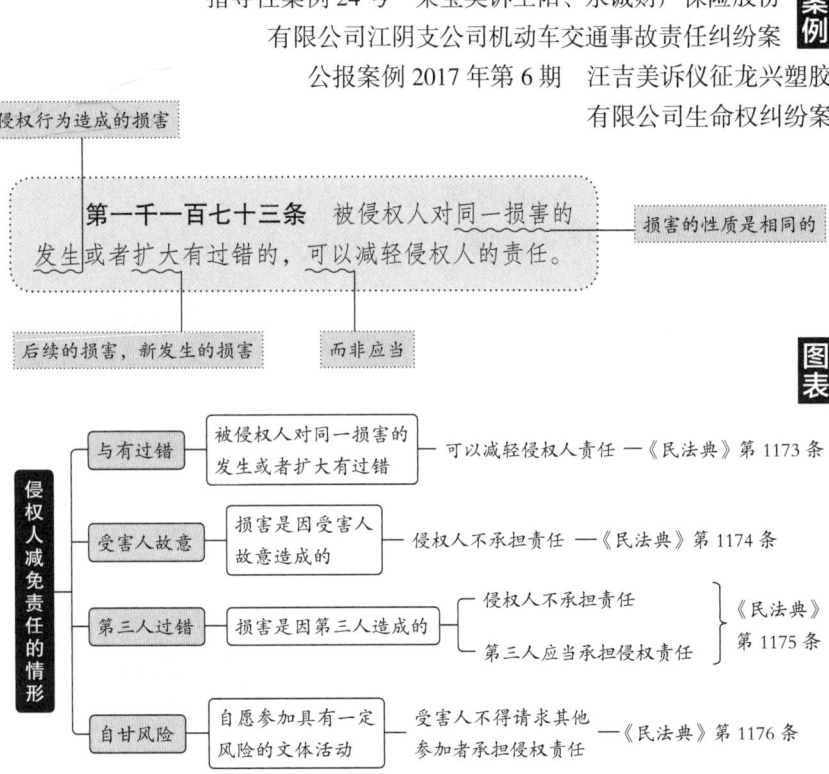

第一千一百七十三条 被侵权人对同一损害的发生或者扩大有过错的，可以减轻侵权人的责任。

- 侵权行为造成的损害
- 损害的性质是相同的
- 后续的损害，新发生的损害
- 而非应当

图表

侵权人减免责任的情形：
- 与有过错：被侵权人对同一损害的发生或者扩大有过错 —— 可以减轻侵权人责任 ——《民法典》第1173条
- 受害人故意：损害是因受害人故意造成的 —— 侵权人不承担责任 ——《民法典》第1174条
- 第三人过错：损害是因第三人造成的 —— 侵权人不承担责任／第三人应当承担侵权责任 ——《民法典》第1175条
- 自甘风险：自愿参加具有一定风险的文体活动 —— 受害人不得请求其他参加者承担侵权责任 ——《民法典》第1176条

第一千一百七十四条 受害人故意

解读 本条是关于受害人故意造成损害，行为人免责的规定。受害人故意造成损害，是指受害人明知自己的行为会发生损害自己的后果，而希望或者放任此种结果的发生。损害完全是因为受害人的故意造成的，即受害人故意的行为是损害发生的唯一原因，此时行为人免责，即不承担责任。本条规定既适用于过错责任，也适用于无过错责任。

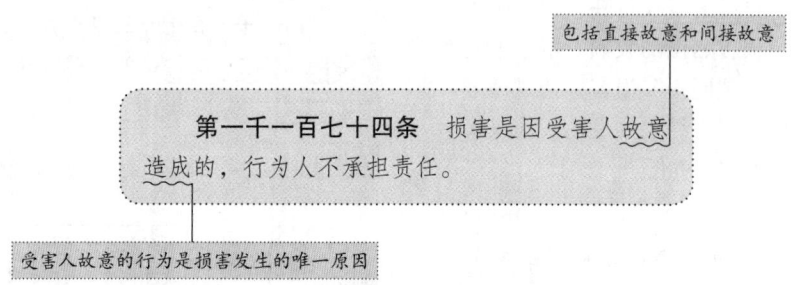

法律 《民法典》第 1238 条
《水污染防治法》第 96 条第 3 款
《道路交通安全法》第 76 条第 2 款
《最高人民法院关于审理铁路运输人身损害赔偿纠纷案件适用法律若干问题的解释》第 5、6 条

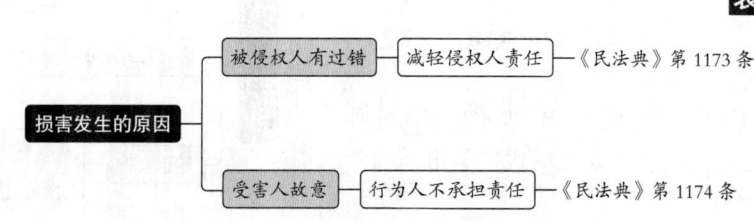

第一千一百七十五条 第三人过错

解读 第三人过错的概念往往在诉讼中体现,是指受害人起诉被告以后,被告提出该损害完全或者部分不是由自己造成的,是第三人的过错造成的,从而提出免除或者减轻自己责任的抗辩事由。

案例 2024-07-2-370-001 白某某诉中国铁路某局集团有限公司、某某旅行社有限公司、第三人邢某违反安全保障义务责任纠纷案

法律
《电力法》第60条第3款
《水污染防治法》第96条第4款
《电力供应与使用条例》第43条
《防治船舶污染海洋环境管理条例》第48条
《最高人民法院关于审理涉执行司法赔偿案件适用法律若干问题的解释》第12条

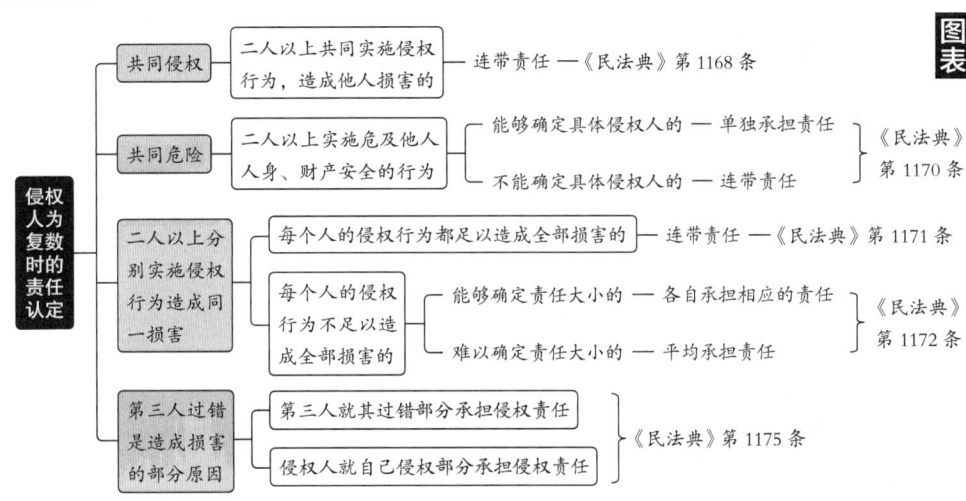

第一千一百七十五条 损害是因第三人造成的,第三人应当承担侵权责任。

第三人存在过错,且损害与第三人过错具有因果关系

与被告不存在任何隶属关系

图表

· 13 ·

第一千一百七十六条　自甘风险

解读 本条是关于自甘风险的规定，其构成要件是：（1）受害人必须意识到所参加的文体活动的风险。（2）受害人作出了自愿承受危险的意思表示，通常是将自己置于可能的危险状况之下。（3）这种潜在的危险不是法律、法规所禁止的，也不是社会公序良俗所反对的，且此种危险通常是被社会所认可存在或者难以避免的。（4）受害人的损害是其他参加者的行为造成的。对于自甘风险的情况，其他参加者的责任按照以下规则认定：（1）一般情况下，其他参加者直接免责。（2）其他参加者对损害的发生有故意或者重大过失的，已经属于侵权行为，其他参加者应当依据其过错程度承担侵权责任。活动组织者的责任承担适用《民法典》安全保障义务的规定。

法律 《最高人民法院关于适用〈中华人民共和国民法典〉时间效力的若干规定》第16条

案例
2023-14-2-001-002　吴某某诉张某某、李某、某某青少年体育俱乐部、某财产保险股份有限公司北京市分公司生命权、身体权、健康权纠纷一案
2023-16-2-001-006　蔡某某诉龚某甲、龚某乙、崔某生命权、身体权、健康权纠纷案
2023-14-2-370-001　刘某某诉上海某体育文化传播有限公司经营场所的经营者责任纠纷案

> **第一千一百七十六条**　自愿参加具有一定风险的文体活动，因其他参加者的行为受到损害的，受害人不得请求其他参加者承担侵权责任；但是，其他参加者对损害的发生有故意或者重大过失的除外。
> 　　活动组织者的责任适用本法第一千一百九十八条至第一千二百零一条的规定。

图表

- 风险性较高、对自身条件有一定要求、对抗性较强
- 其他参加者免责
- 对于过错程度的要求较高
- 违反安全保障义务的侵权责任，无民事行为能力人、限制民事行为能力人受害以及第三人侵权时教育机构的侵权责任

承担责任　　　不承担责任
故意或重大过失　　　无故意也无重大过失

参加人（受损害人）　←损害行为—　其他参加人（行为人）

部分情况下承担责任　活动组织者

第一千一百七十七条 自力救济

解读 本条是关于自力救济制度的规定。自力救济免责必须满足以下四个条件：（1）情况紧迫且不能及时获得国家机关保护，这是前提条件。（2）不立即采取措施将使其合法权益受到难以弥补的损害，这是必要条件。（3）只能在保护自己合法权益的必要范围内采取扣留侵权人的财物等合理措施，这是范围条件。（4）应当立即请求有关国家机关处理，这是合法条件。自助行为完成后，"情况紧迫"的阻却事由消失，受害人应当立刻、无迟延地向有关国家机关报告自己实施了自力救济的事实，由公权力及时介入处理。

法律《最高人民法院关于适用〈中华人民共和国民法典〉时间效力的若干规定》第17条

自助行为完成后，"情况紧迫"的阻却事由消失，受害人应当立刻、无迟延地向有关国家机关报告自己实施了自力救济的事实，由公权力及时介入处理。

必须是受到法律保护的权益

案例 公报案例2019年第8期 陈帮容、陈国荣、陈曦诉陈静、吴建平、李跃国、周富勇生命权纠纷案

第一千一百七十七条 合法权益受到侵害，情况紧迫且不能及时获得国家机关保护，不立即采取措施将使其合法权益受到难以弥补的损害的，受害人可以在保护自己合法权益的必要范围内采取扣留侵权人的财物等合理措施；但是，应当立即请求有关国家机关处理。

受害人采取的措施不当造成他人损害的，应当承担侵权责任。

自助行为的目的和范围

图表

对比项目	自力救济	正当防卫
对象	已经发生的侵害	正在进行的侵害
目的	只能是保护自己的权利	保护自己、他人的合法权益或者公共利益
事后要求	必须及时请求有关国家机关处理	不要求行为人请求有关国家机关处理
措施	扣留侵权人的财物等合理措施	没有限制
适用规范	《民法典》侵权责任编第1177条	《民法典》总则编第181条

第一千一百七十八条　优先适用特别规定

解读 本条是不承担责任或者减轻责任的兜底条款。我国规范侵权责任的法律有两个层次：第一个层次是《民法典》，从基本法的角度对侵权责任作出三类规定：一是普遍适用的共同规则；二是典型的侵权种类的基本规则；三是其他单行法不可能涉及的一些特殊规则。第二个层次是相关法律对于不承担责任和减轻责任的规定。

> 《民法典》各编的规定，不仅限于侵权责任编
>
> **第一千一百七十八条**　本法和其他法律对不承担责任或者减轻责任的情形另有规定的，依照其规定。
>
> 必须是法律级别

法律 《民法典》第180~182、662、1230、1237~1240、1243条

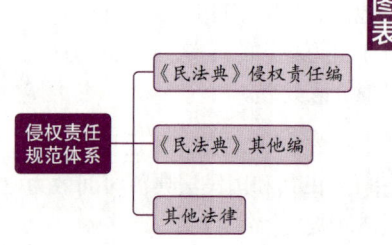

第二章 损害赔偿

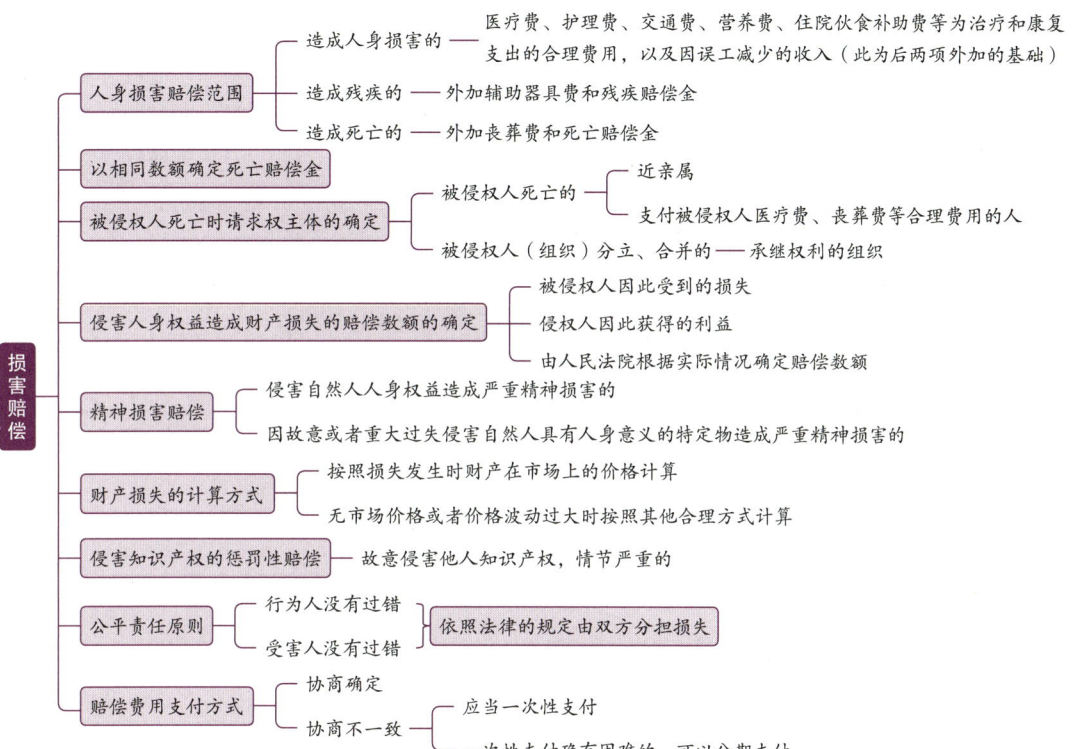

第一千一百七十九条　人身损害赔偿范围

解读 人身损害赔偿是指行为人侵犯他人的生命健康权益造成伤残、死亡等后果，承担金钱赔偿责任的民事法律救济制度。人身损害赔偿的范围包括三种：（1）侵犯他人生命健康权益造成人身损害一般都要赔偿的项目。（2）造成残疾的赔偿范围。（3）造成死亡的赔偿范围。

法律
《产品质量法》第 44 条
《消费者权益保护法》第 49 条
《最高人民法院关于审理人身损害赔偿案件适用法律若干问题的解释》第 6~20 条
《最高人民法院关于审理生态环境侵权纠纷案件适用惩罚性赔偿的解释》第 9 条
《最高人民法院关于审理道路交通事故损害赔偿案件适用法律若干问题的解释》第 11 条

案例
2023-16-2-001-001　张某诉北京某公司、四川某公司等生命权、身体权、健康权纠纷案
2023-16-2-001-003　杜某辉、黎某诉杜某兰生命权、身体权、健康权纠纷案
2023-16-2-001-005　刘某乐诉袁某洋、欧某娇、袁某浩、梅江区某小学生命权、健康权、身体权纠纷案

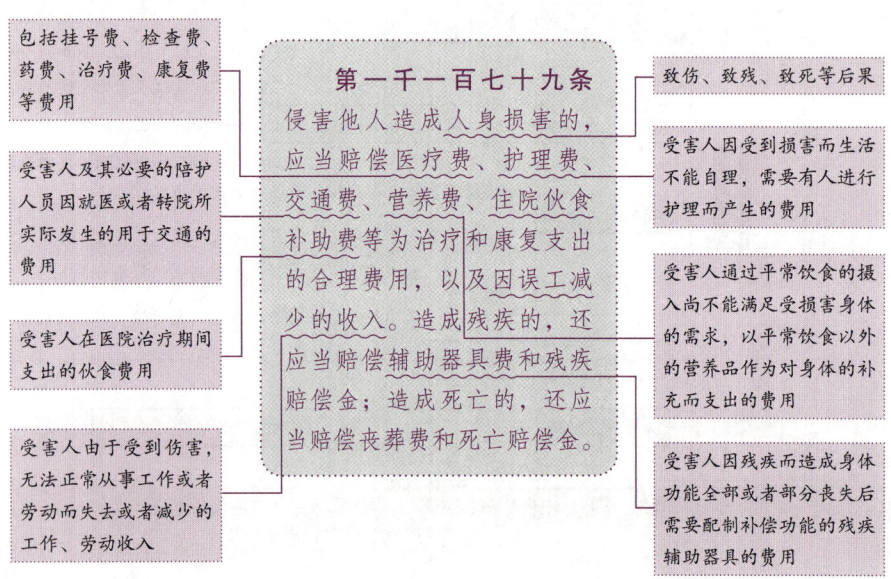

第一千一百七十九条　人身损害赔偿范围（续）

范围	费用	确定或计算依据
一般赔偿范围	医疗费	根据医疗机构出具的医药费、住院费等收款凭证，结合病历和诊断证明等相关证据确定
	护理费	根据护理人员的收入状况和护理人数、护理期限确定
	交通费	根据受害人及其必要的陪护人员因就医或者转院治疗实际发生的费用计算
	营养费	根据受害人伤残情况参照医疗机构的意见确定
	住院伙食补助费	可以参照当地国家机关一般工作人员的出差伙食补助标准确定
	其他为治疗和康复支出的合理费用	略
	因误工减少的收入	根据受害人的误工时间和收入状况确定
造成残疾的	一般赔偿范围内的费用	略
	辅助器具费	按照普通适用器具的合理费用标准计算
	残疾赔偿金	根据受害人丧失劳动能力程度或者伤残等级，按照受诉法院所在地上一年度城镇居民人均可支配收入标准，自定残之日起按20年计算。但60周岁以上的，年龄每增加1岁减少1年；75周岁以上的，按5年计算
造成死亡的	一般赔偿范围内的费用	略
	丧葬费	按照受诉法院所在地上一年度职工月平均工资标准，以6个月总额计算
	死亡赔偿金	按照受诉法院所在地上一年度城镇居民人均可支配收入标准，按20年计算。但60周岁以上的，年龄每增加1岁减少1年；75周岁以上的，按5年计算

第一千一百八十条　以相同数额确定死亡赔偿金

解读 本条是关于以相同数额确定死亡赔偿金的规定。因同一事故造成多人死亡的，为便于解决纠纷，可以采用相同数额确定赔偿金。以相同数额确定死亡赔偿金的，原则上不考虑受害人的年龄、收入状况等个人因素。但是，此规定并非确定死亡赔偿金的一般方式，若分别计算死亡赔偿金较为容易，可以不采用这种方式。

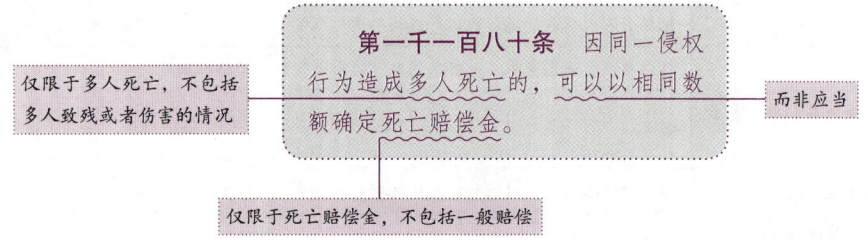

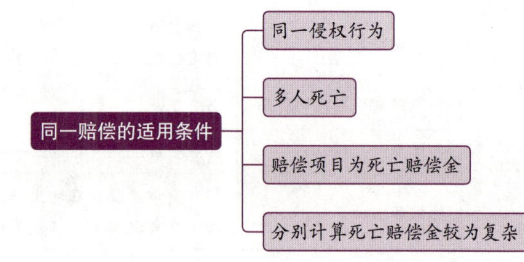

法律《最高人民法院关于审理人身损害赔偿案件适用法律若干问题的解释》第15、16、18条

第一千一百八十一条　被侵权人死亡时请求权主体的确定

解读　被侵权人死亡的，权利能力消灭，法律主体资格随之消灭；被侵权人为组织，其分立、合并的，被侵权人的法律主体资格随之消失。在这两种情况下，请求权人只能是被侵权人以外的主体，本条即对此的规定。

案例
2023-10-2-200-004　张某某、钟某诉王某某、某租赁公司、某公司海上、通海水域人身损害责任纠纷案
2024-07-7-504-001　李某某诉某养老公寓侵权责任纠纷案

第2章 1179~1187

> 第一千一百八十一条　被侵权人死亡的，其近亲属有权请求侵权人承担侵权责任。被侵权人为组织，该组织分立、合并的，承继权利的组织有权请求侵权人承担侵权责任。
>
> 被侵权人死亡的，支付被侵权人医疗费、丧葬费等合理费用的人有权请求侵权人赔偿费用，但是侵权人已经支付该费用的除外。

获得请求权

配偶、父母、子女、兄弟姐妹、祖父母、外祖父母、孙子女、外孙子女

近亲属之外的人

法律
《国家赔偿法》第6条
《最高人民法院关于审理人身损害赔偿案件适用法律若干问题的解释》第1条
《最高人民法院关于确定民事侵权精神损害赔偿责任若干问题的解释》第3条
《最高人民法院关于审理道路交通事故损害赔偿案件适用法律若干问题的解释》第23条

图表

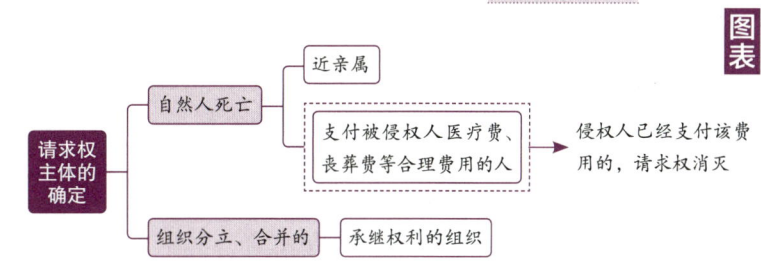

· 21 ·

第一千一百八十二条　侵害人身权益造成财产损失的赔偿数额的确定

第2章 1179~1187

【解读】 人身权益是民事主体最基本的权益，侵害他人人身权益应当依法承担侵权责任。对于财产损失的确定，本条规定了三种方式：（1）按照被侵权人受到的损失赔偿。①造成他人人身损害的赔偿，可参照《民法典》第1179条确定赔偿数额。②侵害他人名誉权、荣誉权、姓名权、肖像权和隐私权等人身权益造成的财产损失。（2）按照侵权人因此获得的利益赔偿。（3）侵害他人名誉权、荣誉权、姓名权、肖像权和隐私权等人身权益，由人民法院根据实际情况确定赔偿数额。

【法律】
《民法典》第1179条
《个人信息保护法》第69条
《著作权法》第54条
《专利法》第71条
《最高人民法院关于审理使用人脸识别技术处理个人信息相关民事案件适用法律若干问题的规定》第8条
《最高人民法院关于审理利用信息网络侵害人身权益民事纠纷案件适用法律若干问题的规定》第12条

【案例】 检例第141号　浙江省杭州市余杭区人民检察院对北京某公司侵犯儿童个人信息权益提起民事公益诉讼　北京市人民检察院督促保护儿童个人信息权益行政公益诉讼案　2024-18-2-369-003　杭州市滨江区人民检察院诉杨某鹏等网络侵权责任纠纷民事公益诉讼案

> **第一千一百八十二条**　侵害他人人身权益造成财产损失的，按照被侵权人因此受到的损失或者侵权人因此获得的利益赔偿；被侵权人因此受到的损失以及侵权人因此获得的利益难以确定，被侵权人和侵权人就赔偿数额协商不一致，向人民法院提起诉讼的，由人民法院根据实际情况确定赔偿数额。

- 生命权、健康权、身体权等权益，以及名誉权、荣誉权、姓名权、肖像权和隐私权等人身权益
- 被侵权人有选择权
- 原告为被侵权人
- 侵权人的过错程度、具体侵权行为和方式、造成的后果和影响等

【图表】

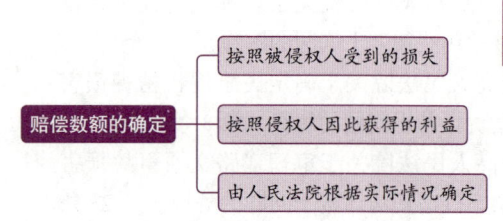

赔偿数额的确定
- 按照被侵权人受到的损失
- 按照侵权人因此获得的利益
- 由人民法院根据实际情况确定

· 22 ·

第一千一百八十三条　精神损害赔偿

解读 被侵权人请求精神损害赔偿的基础为：（1）侵害自然人人身权益造成严重精神损害的。①范围上必须是人身权益；②程度上必须是严重精神损害。（2）因故意或者重大过失侵害自然人具有人身意义的特定物造成严重精神损害的。①侵权人主观上必须明知是"具有人身意义的特定物"，并且具有故意或者重大过失。②程度上必须是严重精神损害。③对"具有人身意义的特定物"的范围应当严格限定。

法律

《消费者权益保护法》第51条

《国家赔偿法》第35条

《最高人民法院关于审理国家赔偿案件确定精神损害赔偿责任适用法律若干问题的解释》

《最高人民法院关于确定民事侵权精神损害赔偿责任若干问题的解释》第1~5条

《最高人民法院关于适用〈中华人民共和国民法典〉侵权责任编的解释（一）》第2条

《最高人民法院关于人民法院赔偿委员会审理国家赔偿案件适用精神损害赔偿若干问题的意见》

第一千一百八十三条　侵害自然人人身权益造成严重精神损害的，被侵权人有权请求精神损害赔偿。

因故意或者重大过失侵害自然人具有人身意义的特定物造成严重精神损害的，被侵权人有权请求精神损害赔偿。

- 生命权、健康权、身体权等权益，以及名誉权、荣誉权、姓名权、肖像权和隐私权等人身权益
- 受害人因人格利益或身份利益受到损害或者遭受精神痛苦而获得的金钱赔偿
- 精神损害赔偿的对象只能是自然人
- 超出了社会一般人的容忍限度
- （1）与近亲属死者相关的特定纪念物品（如遗像、墓碑、骨灰盒、遗物）；（2）与结婚礼仪相关的特定纪念物品（如录像、照片）；（3）与家族祖先相关的特定纪念物品（如祖坟、族谱、祠堂）

案例

2024-14-2-369-001　李某某诉北京某科技有限公司网络侵权责任纠纷

2023-14-2-137-001　周某某诉某某美容店服务合同纠纷案

图表

被侵权人有权请求精神损害赔偿的情况
- 侵害自然人人身权益
  - 生命权、健康权、身体权等权益
  - 名誉权、荣誉权、姓名权、肖像权和隐私权等人身权益
- 因故意或者重大过失侵害自然人具有人身意义的特定物
  - 与近亲属死者相关的特定纪念物品
  - 与结婚礼仪相关的特定纪念物品
  - 与家族祖先相关的特定纪念物品

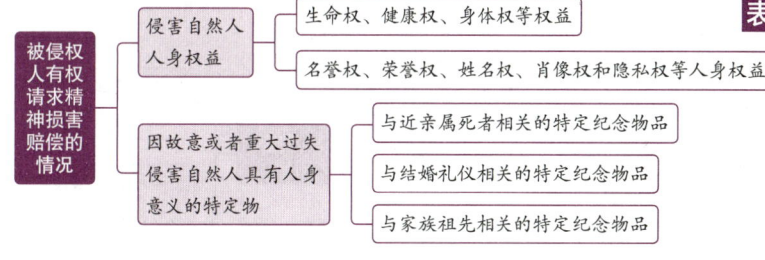

第一千一百八十四条　财产损失的计算方式

解读 本条规定了财产损失计算的两种方式：（1）按照损失发生时财产在市场上的价格。①完全毁损、灭失的，按照该物在市场上所对应的标准全价计算；②该物已经使用多年的，按照市场相应的折旧价格计算；③财产部分毁损的，按照毁损使该物价值减损的相应的市场价格计算。（2）按照"其他合理方式计算"。①如果该财产没有在市场上流通，没有市场的对应价格，可以采用评估等方式计算。②对于价格波动过大等情况，可以由法官结合具体案情自由裁量。

法律 《著作权法》第 54 条
《专利法》第 71 条
《商标法》第 63 条
《最高人民法院关于审理生态环境侵权纠纷案件适用惩罚性赔偿的解释》第 9 条
《最高人民法院关于审理著作权民事纠纷案件适用法律若干问题的解释》第 23 条

案例
公报案例 2018 年第 11 期　宜兴市新街街道海德名园业主委员会诉宜兴市恒兴置业有限公司、南京紫竹物业管理股份有限公司宜兴分公司物权确认纠纷、财产损害赔偿纠纷案

2024-13-2-171-002　某科技公司诉某仪器仪表公司因恶意提起知识产权诉讼损害责任纠纷案

2023-11-2-374-001　江西省遂川县生态环境局诉某和财保荆门公司等机动车交通事故责任纠纷案

2023-08-2-106-002　上海某服装公司诉上海某贸易公司、王某质押合同纠纷案

2023-13-2-160-023　嘉兴某旅游制品有限公司诉姚某、上海某信息技术有限公司假冒他人专利纠纷案

2023-11-2-377-004　重庆市荣昌区梁某国水产养殖场诉重庆某泉农牧有限公司水污染责任纠纷案

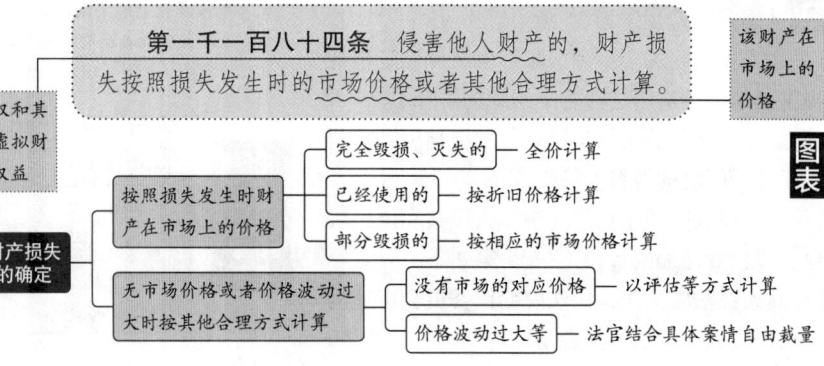

第一千一百八十五条　侵害知识产权的惩罚性赔偿

解读 本条是关于故意侵害他人知识产权惩罚性赔偿的规定。（1）侵权人须为故意；（2）侵害须达到"情节严重"的程度；（3）惩罚性赔偿应当分别依照相关法律，以原告实际损失数额、被告违法所得数额或者因侵权所获得的利益作为计算基数。本条体现了我国法律对于知识产权的保护。

法律
《著作权法》第 54 条
《商标法》第 63 条
《专利法》第 71 条
《反不正当竞争法》第 17 条
《最高人民法院关于审理侵害植物新品种权纠纷案件具体应用法律问题的若干规定》第 6 条
《最高人民法院关于审理侵害知识产权民事案件适用惩罚性赔偿的解释》

综合考虑侵权手段、次数，侵权行为的持续时间、地域范围、规模、后果，侵权人在诉讼中的行为等因素

综合考虑被侵害知识产权客体类型、权利状态和相关产品知名度、被告与原告或者利害关系人之间的关系等因素

第一千一百八十五条 故意侵害他人知识产权，情节严重的，被侵权人有权请求相应的惩罚性赔偿。

侵权人给付给被侵权人超过其实际受损害数额的一种金钱赔偿

案例 2023-13-2-160-032　金某海诉郑东新区白沙镇某五金机电劳保建材经营部等侵害发明专利权纠纷案

第 2 章 1179~1187

图表

侵犯知识产权，适用惩罚性赔偿的要件

- 侵权人须为故意
  - 被告经原告或者利害关系人通知、警告后，仍继续实施侵权行为的
  - 被告或其法定代表人、管理人是原告或者利害关系人的法定代表人、管理人、实际控制人的
  - 被告与原告或利害关系人之间存在劳动、劳务、合作、许可、经销、代理、代表等关系，且接触过被侵害的知识产权的
  - 被告与原告或利害关系人之间有业务往来或者为达成合同等进行过磋商，且接触过被侵害的知识产权的
  - 被告实施盗版、假冒注册商标行为的
  - 其他可以认定为故意的情形
- 侵害须"情节严重"
  - 因侵权被行政处罚或者法院裁判承担责任后，再次实施相同或者类似侵权行为
  - 以侵害知识产权为业
  - 伪造、毁坏或者隐匿侵权证据
  - 拒不履行保全裁定
  - 侵权获利或者权利人受损巨大
  - 侵权行为可能危害国家安全、公共利益或者人身健康
  - 其他可以认定为情节严重的情形

· 25 ·

第一千一百八十六条　公平责任原则

第 2 章
1179~
1187

解读 本条是关于公平分担损失的规定。在现实生活中，对于有些损害的发生，虽然行为人无过错，法律也没有规定无过错责任，但毕竟损害结果由行为人引起，如果严格按照无过错即无责任的原则处理，受害人就要自担损失，有失公平。因此，本条规定，依照法律的规定由双方根据实际情况分担损失。

案例 2023-16-2-376-003　黎某明诉大埔县某学校、大埔县某医院教育机构医疗损害责任纠纷案

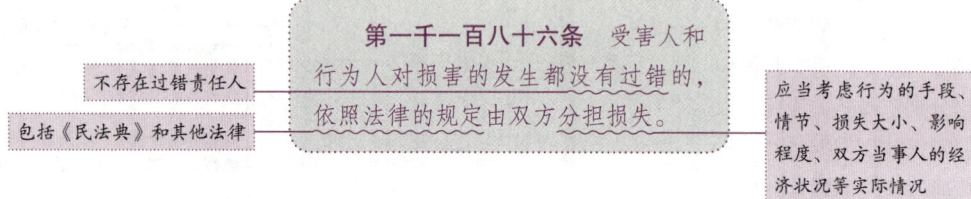

法律《民法典》第 6、182 条

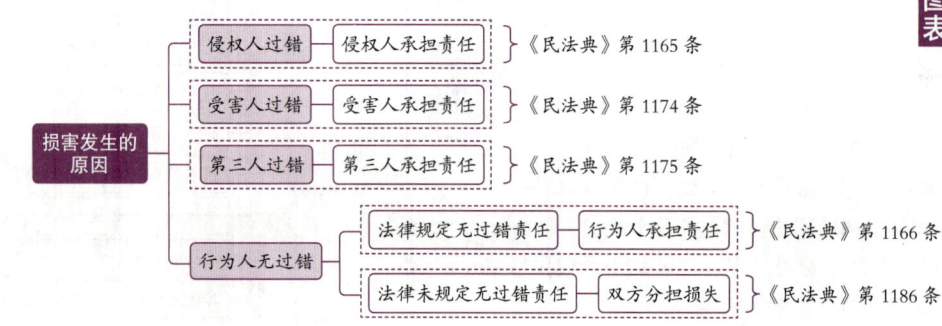

第一千一百八十七条 赔偿费用支付方式

解读 本条是关于赔偿费用支付方式的规定。(1)由当事人协商确定赔偿费用的支付方式。(2)协商不一致的，一次性支付。(3)分期支付，须满足两个条件：①一次性支付确有困难；②被侵权人有权请求提供相应的担保。

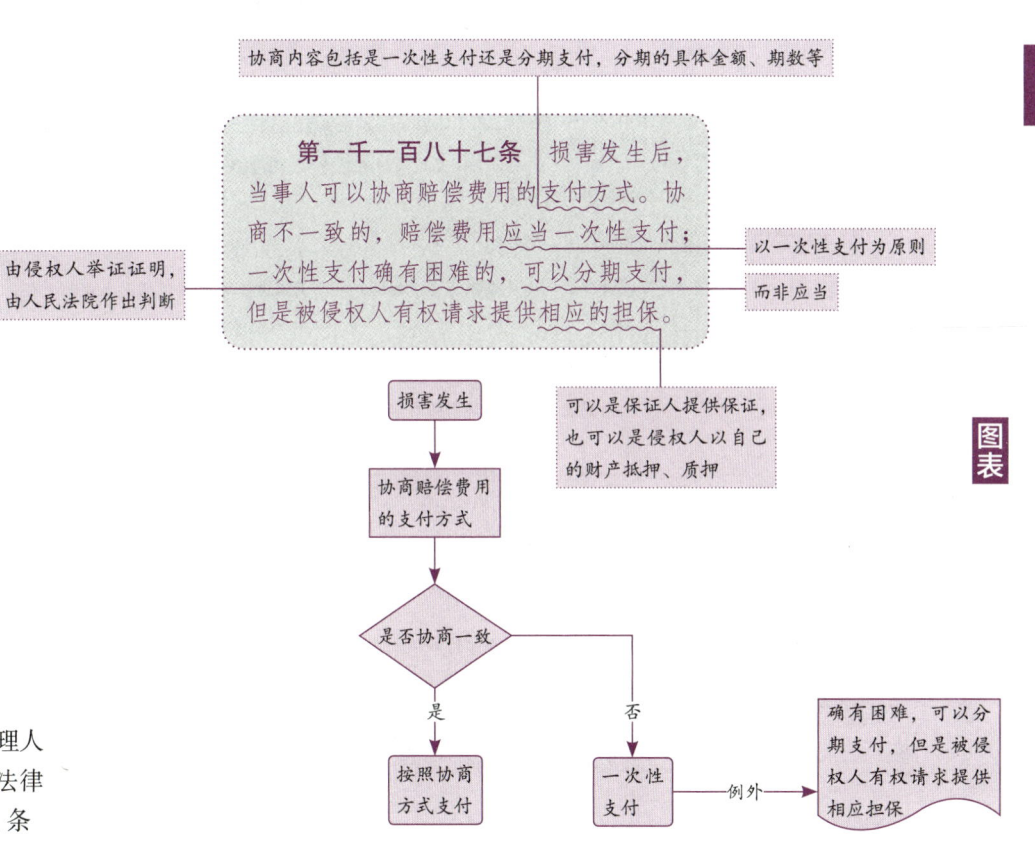

法律 《最高人民法院关于审理人身损害赔偿案件适用法律若干问题的解释》第19~21条

第2章 1179~1187

图表

> **第一千一百八十七条** 损害发生后，当事人可以协商赔偿费用的支付方式。协商不一致的，赔偿费用应当一次性支付；一次性支付确有困难的，可以分期支付，但是被侵权人有权请求提供相应的担保。

- 协商内容包括是一次性支付还是分期支付，分期的具体金额、期数等
- 由侵权人举证证明，由人民法院作出判断
- 以一次性支付为原则
- 而非应当
- 可以是保证人提供保证，也可以是侵权人以自己的财产抵押、质押

流程：损害发生 → 协商赔偿费用的支付方式 → 是否协商一致
- 是 → 按照协商方式支付
- 否 → 一次性支付 —(例外)→ 确有困难，可以分期支付，但是被侵权人有权请求提供相应担保

第三章　责任主体的特殊规定

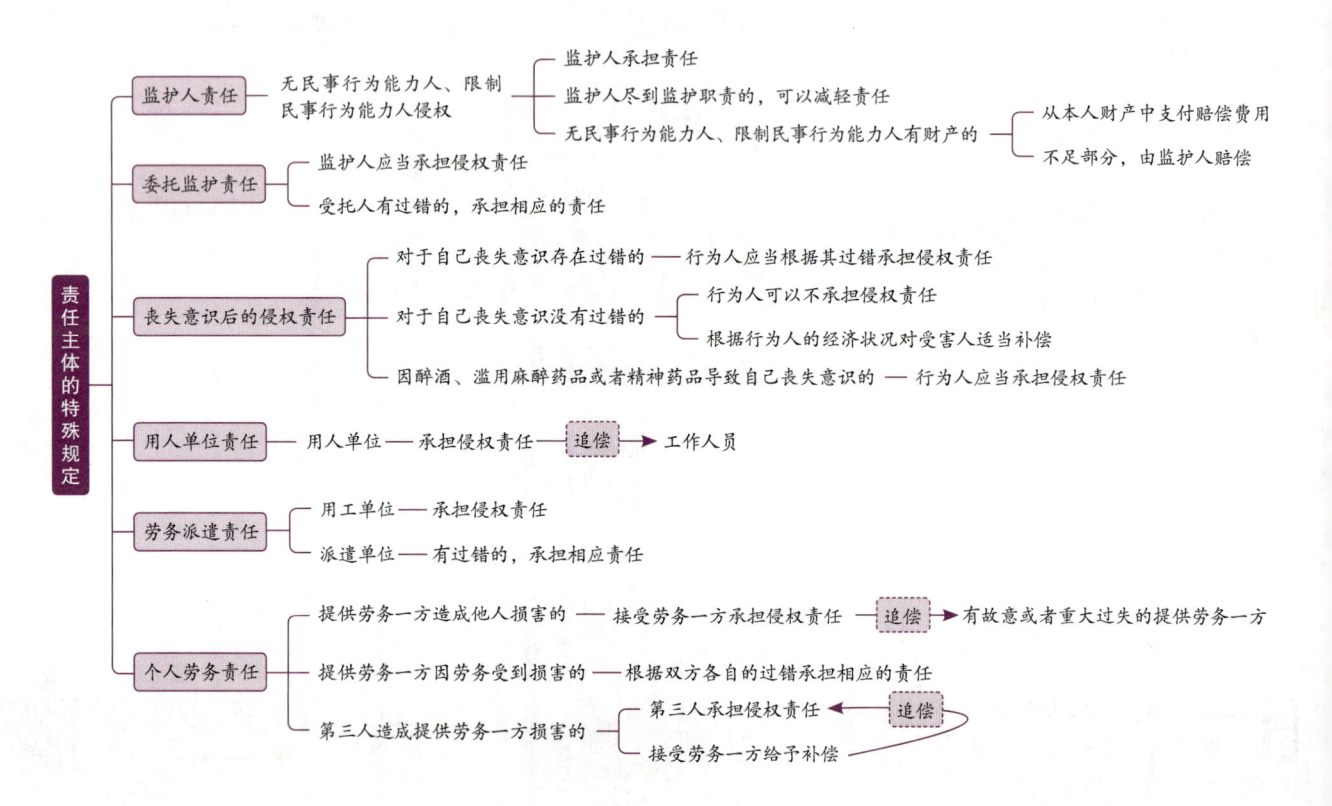

责任主体的特殊规定

- **监护人责任**
  - 无民事行为能力人、限制民事行为能力人侵权
    - 监护人承担责任
    - 监护人尽到监护职责的，可以减轻责任
    - 无民事行为能力人、限制民事行为能力人有财产的
      - 从本人财产中支付赔偿费用
      - 不足部分，由监护人赔偿

- **委托监护责任**
  - 监护人应当承担侵权责任
  - 受托人有过错的，承担相应的责任

- **丧失意识后的侵权责任**
  - 对于自己丧失意识存在过错的 —— 行为人应当根据其过错承担侵权责任
  - 对于自己丧失意识没有过错的
    - 行为人可以不承担侵权责任
    - 根据行为人的经济状况对受害人适当补偿
  - 因醉酒、滥用麻醉药品或者精神药品导致自己丧失意识的 —— 行为人应当承担侵权责任

- **用人单位责任**
  - 用人单位 —— 承担侵权责任 —[追偿]→ 工作人员

- **劳务派遣责任**
  - 用工单位 —— 承担侵权责任
  - 派遣单位 —— 有过错的，承担相应责任

- **个人劳务责任**
  - 提供劳务一方造成他人损害的 —— 接受劳务一方承担侵权责任 —[追偿]→ 有故意或者重大过失的提供劳务一方
  - 提供劳务一方因劳务受到损害的 —— 根据双方各自的过错承担相应的责任
  - 第三人造成提供劳务一方损害的
    - 第三人承担侵权责任 ←[追偿]
    - 接受劳务一方给予补偿

责任主体的特殊规定

承揽关系中的侵权责任
- 定作人原则上不承担责任
- 定作人承担责任的情况：对定作、指示或者选任有过错的

网络侵权责任
- 网络用户
- 网络服务提供者
- 利用网络侵权——应当承担侵权责任

网络服务提供者的义务与责任

接到通知后取下
- 权利人通知网络服务提供者采取必要措施——错误通知应当承担侵权责任
- 网络服务提供者
  - 将通知转送相关网络用户
  - 采取必要措施——未及时采取必要措施的，对损害扩大部分，与该网络用户承担连带责任

反通知
- 网络服务提供者接到不存在侵权行为声明后——转送权利人并告知其投诉或者起诉——合理期限内未收到权利人投诉或起诉通知——终止措施

网络服务提供者与网络用户承担连带责任
- 知道或者应当知道网络用户利用其网络服务侵害他人民事权益
- 未采取必要措施

安全保障义务人责任
- 未尽到安全保障义务，造成他人损害的——承担侵权责任
- 第三人侵权造成损害的
  - 第三人承担责任 ← 追偿
  - 经营者、管理者或者组织者未尽到安全保障义务的，承担相应的补充责任

教育机构责任
- 对无民事行为能力人——应当承担侵权责任——能够证明尽到教育、管理职责的，不承担侵权责任
- 对限制民事行为能力人 + 未尽到教育、管理职责的——应当承担侵权责任
- 第三人侵权
  - 第三人承担侵权责任 ← 追偿
  - 教育机构未尽到管理职责的——承担补充责任

第一千一百八十八条　监护人责任

解读 第1款主要规定责任能力和监护人承担监护责任的问题。监护人有责任通过教育、管理等方式来减少或者避免被监护人侵权行为的发生。因此，无民事行为能力人或者限制民事行为能力人造成他人损害的，应当由监护人承担侵权责任。监护人尽到监护职责的，可以减轻其侵权责任。第2款规定，在具体承担赔偿责任时，如果被监护人有财产，应当首先从被监护人的财产中支付赔偿费用，不足的部分再由监护人承担赔偿责任。

法律《民法典》第17~28、34、35条
《未成年人保护法》第7条
《老年人权益保障法》第26条
《精神卫生法》第79条
《最高人民法院关于适用〈中华人民共和国民法典〉侵权责任编的解释（一）》第5~9、12条

案例
2023-14-2-504-001　吴某诉赵某、某中学等侵权责任纠纷案
2023-16-2-001-005　刘某乐诉袁某洋、欧某娇、袁某浩、梅江区某小学生命权、健康权、身体权纠纷案
2023-16-2-001-002　谢某丽、刘某成诉罗某然、陈某蓉等31人、新疆生产建设兵团第三师四十九团生命权、身体权、健康权纠纷一案

> 不满8周岁的未成年人，不能辨认自己行为的成年人和8周岁以上的未成年人
>
> 其法定代理人
>
> 而非应当
>
> 优先支付

第一千一百八十八条　无民事行为能力人、限制民事行为能力人造成他人损害的，由监护人承担侵权责任。监护人尽到监护职责的，可以减轻其侵权责任。

有财产的无民事行为能力人、限制民事行为能力人造成他人损害的，从本人财产中支付赔偿费用；不足部分，由监护人赔偿。

> 8周岁以上的未成年人，不能完全辨认自己行为的成年人（16周岁以上的未成年人，以自己的劳动收入为主要生活来源的，视为完全民事行为能力人）

图表

监护人责任			
一般规则	无行为能力人、限制行为能力人侵权	监护人承担责任	
特殊规则	监护人尽到监护职责	可以减轻责任	
责任承担顺序	无民事行为能力人、限制民事行为能力人有财产	从本人财产中支付 / 不足部分监护人承担	
	无民事行为能力人、限制民事行为能力人无财产	监护人承担	

第一千一百八十九条　委托监护责任

解读 本条是关于委托监护时监护人责任的规定。委托监护是指监护人委托他人代行监护的职责，是一种双方的民事法律行为。被监护人的监护人与受托人之间关于受托人为委托人履行监护职责、处理监护事务的协议，须经监护人委托与受委托人接受委托的意思表示一致才能成立。在委托监护的情况下，实行监护人责任首负原则，监护人不能以已委托他人履行监护职责为由拒绝承担责任。受托人只有在有过错的情况下才承担相应的责任。

法律
《民法典》第 929 条
《未成年人保护法》第 22、23 条
《最高人民法院关于适用〈中华人民共和国民法典〉侵权责任编的解释（一）》第 4、10、13 条
《最高人民法院关于适用〈中华人民共和国民法典〉总则编若干问题的解释》第 13 条

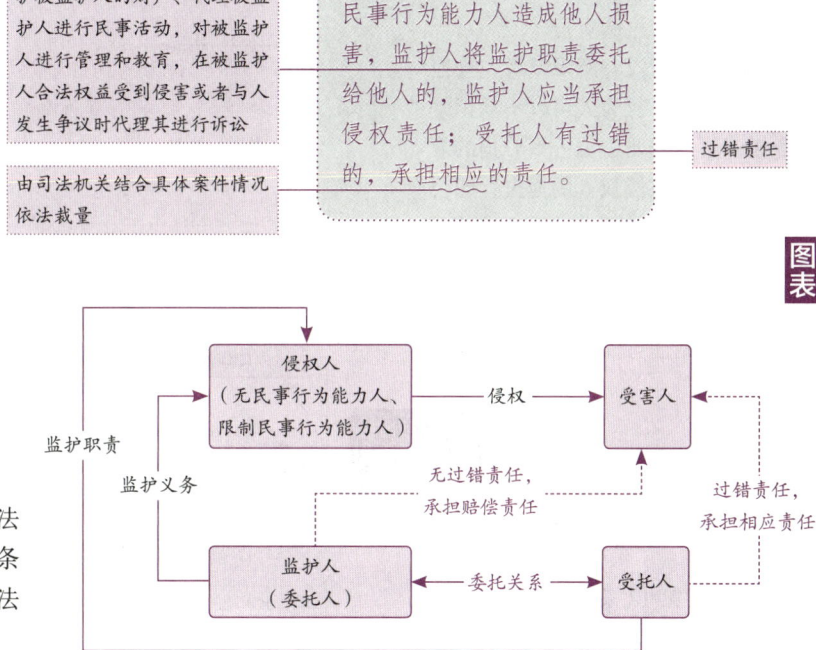

图表

保护被监护人的身体健康，照顾被监护人的生活，管理和保护被监护人的财产、代理被监护人进行民事活动，对被监护人进行管理和教育，在被监护人合法权益受到侵害或者与人发生争议时代理其进行诉讼

由司法机关结合具体案件情况依法裁量

第一千一百八十九条
无民事行为能力人、限制民事行为能力人造成他人损害，监护人将监护职责委托给他人的，监护人应当承担侵权责任；受托人有过错的，承担相应的责任。 —— 过错责任

侵权人（无民事行为能力人、限制民事行为能力人）——侵权——受害人
监护人（委托人）——委托关系——受托人
监护职责 / 监护义务
无过错责任，承担赔偿责任
过错责任，承担相应责任

第一千一百九十条 丧失意识后的侵权责任

解读 本条对完全民事行为能力人暂时丧失意识后的侵权责任作出三种不同规定：（1）对于自己丧失意识存在过错的，行为人应当根据其过错承担赔偿责任，即过错责任。（2）对于自己的行为暂时没有意识或者失去控制没有过错的，行为人可以不承担侵权责任，不过需要根据公平分担的规定，适当分担被侵权人的损失，即公平责任。（3）因醉酒、滥用麻醉药品或者精神药品导致自己暂时没有意识或者失去控制造成他人损害的，行为人应当承担赔偿责任，即过错责任。

图表

> 第一千一百九十条 完全民事行为能力人对自己的行为暂时没有意识或者失去控制造成他人损害有过错的，应当承担侵权责任；没有过错的，根据行为人的经济状况对受害人适当补偿。
> 完全民事行为能力人因醉酒、滥用麻醉药品或者精神药品对自己的行为暂时没有意识或者失去控制造成他人损害的，应当承担侵权责任。

"过错"导致其丧失意识

是"补偿"，而非"赔偿"

完全民事行为能力人暂时丧失意识后的侵权责任：
- 对于自己丧失意识存在过错 → 行为人应当根据其过错承担赔偿责任 → 过错责任
- 对于自己丧失意识没有过错 → 行为人可以不承担侵权责任，不过需要根据公平分担的规定，适当分担被侵权人的损失 → 公平责任
- 因醉酒、滥用麻醉药品或者精神药品导致自己丧失意识（本质上也属于有过错）→ 行为人应当承担赔偿责任 → 过错责任

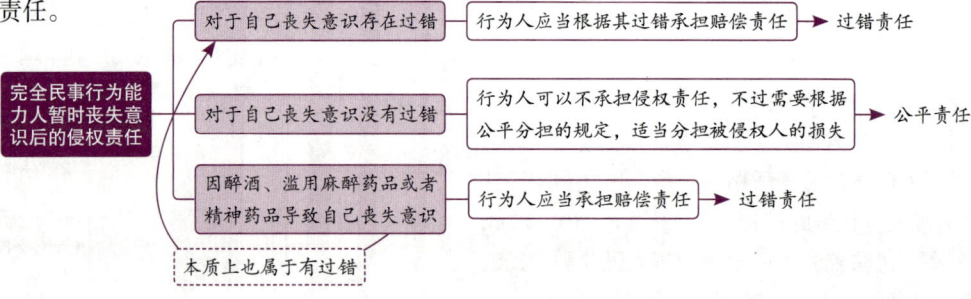

法律《刑法》第18条

第一千一百九十一条　用人单位责任和劳务派遣单位、劳务用工单位责任

解读 本条第1款是用人单位责任的规定。我国对用人单位采取无过错责任，只要工作人员因执行工作任务造成他人损害，用人单位就要首先承担赔偿责任。用人单位不能通过证明自己在选任或者监督方面尽到了相应的义务来免除自己的责任。用人单位承担侵权责任后，可以向有故意或者重大过失的工作人员追偿。

本条第2款是劳务派遣单位和劳务用工单位责任的规定。在劳务派遣期间，被派遣的工作人员是为用工单位工作，接受用工单位的指示和管理，同时由用工单位为工作人员提供相应的劳动条件和劳动保护，所以，被派遣的工作人员因执行工作任务造成他人损害的，其责任应当由用工单位承担。劳务派遣单位在派遣工作人员方面存在过错的，应当承担相应的责任。

法律《最高人民法院关于适用〈中华人民共和国民法典〉侵权责任编的解释（一）》第15~17条
《最高人民法院关于审理人身损害赔偿案件适用法律若干问题的解释》第3条

企业、事业单位、国家机关、社会团体、个体经济组织等

案例
2023-16-2-001-008　胡某树诉某保险公司、蓝某平等生命权、身体权、健康权纠纷案
2023-10-2-200-005　丁某诉陆某、启东市某材料公司海上人身损害责任纠纷案

第一千一百九十一条 用人单位的工作人员因执行工作任务造成他人损害的，由用人单位承担侵权责任。用人单位承担侵权责任后，可以向有故意或者重大过失的工作人员追偿。

劳务派遣期间，被派遣的工作人员因执行工作任务造成他人损害的，由接受劳务派遣的用工单位承担侵权责任；劳务派遣单位有过错的，承担相应的责任。

- 既包括用人单位的正式员工，也包括临时在单位工作的员工
- 单位承担侵权责任的前提
- 用人单位有选择权
- 劳动派遣机构与员工签订劳务派遣合同后，将工作人员派遣到用工单位工作

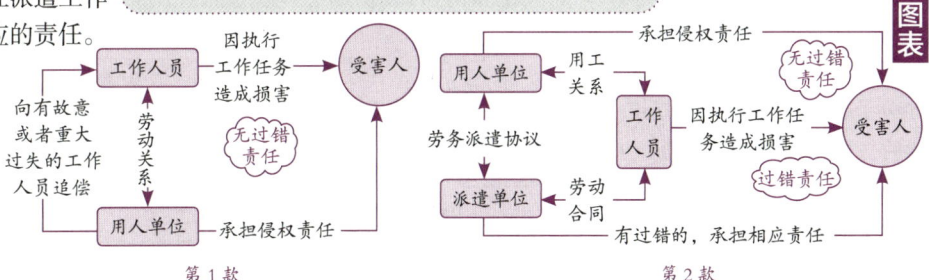

图表

第1款：工作人员因执行工作任务造成损害→受害人（无过错责任）；工作人员与用人单位劳动关系；用人单位承担侵权责任；向有故意或者重大过失的工作人员追偿

第2款：用人单位与工作人员用工关系；劳务派遣协议；派遣单位与工作人员劳动合同；工作人员因执行工作任务造成损害→受害人（过错责任）；用人单位承担侵权责任（无过错责任）；有过错的，承担相应责任

第一千一百九十二条　个人劳务关系中的侵权责任

解读 本条第1款是提供劳务一方造成他人损害和受到损害的责任承担。（1）提供劳务一方因劳务造成他人损害的，接受劳务一方承担无过错责任，需要首先承担侵权责任。接受劳务一方承担侵权责任后，可以向有故意或者重大过失的提供劳务一方追偿。（2）提供劳务一方因为劳务受到损害的，双方根据各自的过错承担相应的过错责任。本条第2款是提供劳务期间因第三人的行为造成提供劳务一方损害时的责任承担。（1）提供劳务一方有选择权，可以请求第三人承担侵权责任，也可以请求接受劳务一方给予补偿。（2）接受劳务一方补偿后，可以向第三人追偿。

法律《最高人民法院关于审理人身损害赔偿案件适用法律若干问题的解释》第4、5条

- 接受劳务一方承担责任的前提
- 提供劳务一方为接受劳务一方提供劳务服务，由接受劳务一方按照约定支付报酬而建立的一种民事权利义务关系

案例
2024-16-2-143-001　薛某某诉贺兰县某镇人民政府、银川市某建设工程有限公司追偿权纠纷案
2024-10-2-200-001　翟某某诉宋某某海上人身损害责任纠纷案

第一千一百九十二条

个人之间形成劳务关系，提供劳务一方因劳务造成他人损害的，由接受劳务一方承担侵权责任。接受劳务一方承担侵权责任后，可以向有故意或者重大过失的提供劳务一方追偿。提供劳务一方因劳务受到损害的，根据双方各自的过错承担相应的责任。

提供劳务期间，因第三人的行为造成提供劳务一方损害的，提供劳务一方有权请求第三人承担侵权责任，也有权请求接受劳务一方给予补偿。接受劳务一方补偿后，可以向第三人追偿。

- 仅指自然人，个体工商户、合伙的雇员因工作发生的纠纷适用第1191条
- 时间限定
- 承担补偿责任之后，才有追偿权

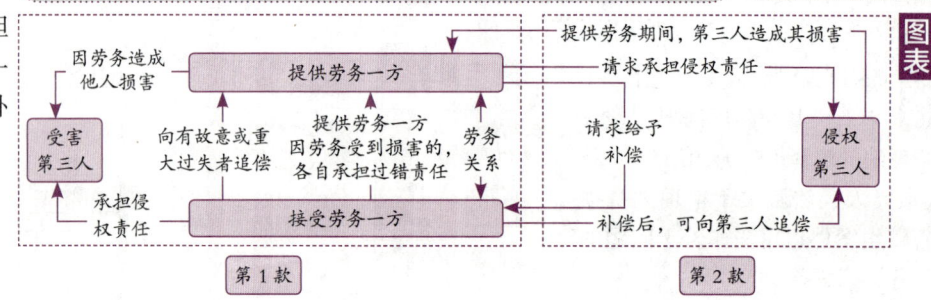

图表

第1款：受害第三人 ← 承担侵权责任 ← 接受劳务一方 ← 劳务关系 → 提供劳务一方 → 因劳务造成他人损害 → 受害第三人；提供劳务一方因劳务受到损害的，各自承担过错责任；向有故意或重大过失者追偿

第2款：提供劳务期间，第三人造成其损害 → 请求承担侵权责任／请求给予补偿；补偿后，可向第三人追偿；侵权第三人

· 34 ·

第一千一百九十三条　承揽关系中的侵权责任

解读　承揽合同是承揽人按照定作人的要求完成工作，交付工作成果，定作人支付报酬的合同。承揽人应当以自己的设备、技术和劳力完成主要工作，不受定作人的支配，承揽人对第三人造成损害或者造成自身损害时，不应要求定作人承担侵权责任。但是，定作人对定作、指示或者选任存在过错的，需要承担相应的过错责任，这是定作人的指示过失责任。

> **第一千一百九十三条**　承揽人在完成工作过程中造成第三人损害或者自己损害的，定作人不承担侵权责任。但是，定作人对定作、指示或者选任有过错的，应当承担相应的责任。

- 本条适用前提
- 按照定作人要求完成工作的人
- 指示过失责任

图表

```
                      对定作、指示或者
                      选任有过错的，
                      承担相应责任
              ┌──────────┐
              │  定作人   │────────┐
              └──────────┘         │
                   ▲              ▼
        承揽合同关系          ┌──────────┐
                   │          │ 第三人    │
              ┌──────────┐    │ 或者承揽人│
              │  承揽人   │    │ 自己      │
              └──────────┘    └──────────┘
                   │    完成任务过程中
                   │    造成损害
                   └────承担侵权责任────
```

法律
《民法典》第 770~787 条
《最高人民法院关于适用〈中华人民共和国民法典〉侵权责任编的解释（一）》第 18 条

第一千一百九十四条　网络侵权责任

解读 本条是关于网络侵权的一般规定，具有宣示性作用，表明网络并非法外之地。网络用户利用网络侵害他人民事权益主要有：（1）侵害人格权，如姓名权、肖像权、名誉权、隐私权和个人信息受保护的权利。（2）侵害财产利益，如侵害网络虚拟财产权益。（3）侵害知识产权，如著作权、商标权和专利权。网络服务提供者利用网络侵害他人民事权益主要表现为：（1）技术服务提供者高度介入传输行为、编排搜索结果；（2）破坏他人技术保护措施、利用技术手段攻击他人网络、窃取他人个人信息；（3）内容服务提供者未对所上传内容的真实性与合法性负责。

法律
《食品安全法》第62、131条
《消费者权益保护法》第44条
《电子商务法》
《最高人民法院关于审理网络消费纠纷案件适用法律若干问题的规定（一）》第11、15、16、18条
《最高人民法院关于审理食品药品纠纷案件适用法律若干问题的规定》第9条
《最高人民法院关于审理利用信息网络侵害人身权益民事纠纷案件适用法律若干问题的规定》第1、3、7~11条
《最高人民法院关于审理侵害信息网络传播权民事纠纷案件适用法律若干问题的规定》第3~6条
《网络交易监督管理办法》

案例 2024-18-2-369-002　宋某诉广州某计算机系统有限公司、叶某网络侵权责任纠纷案

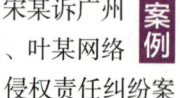

包括：（1）技术服务提供者；（2）内容服务提供者；（3）电子商务平台经营者

第一千一百九十四条　网络用户、网络服务提供者利用网络侵害他人民事权益的，应当承担侵权责任。法律另有规定的，依照其规定。

与《电子商务法》等法律衔接

图表

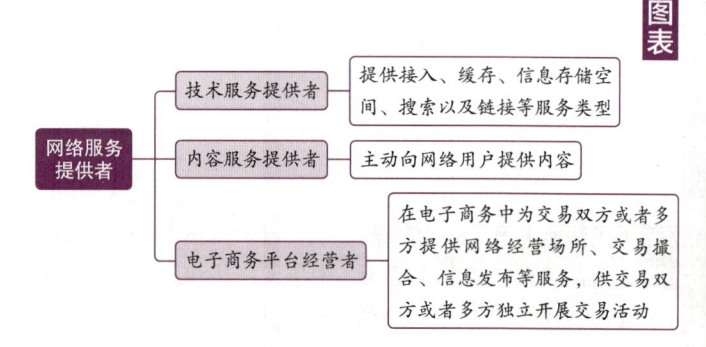

网络服务提供者：
- 技术服务提供者：提供接入、缓存、信息存储空间、搜索以及链接等服务类型
- 内容服务提供者：主动向网络用户提供内容
- 电子商务平台经营者：在电子商务中为交易双方或者多方提供网络经营场所、交易撮合、信息发布等服务，供交易双方或者多方独立开展交易活动

第一千一百九十五条　网络服务提供者侵权补救措施与责任承担

解读

本条是关于"通知与取下"制度的规定。第1款是"通知"的相关规定，通知的要件包括：（1）权利人的真实身份信息，包括但不限于权利人的姓名、名称、住址、联系方式、电话、电子邮箱等。（2）侵权的初步证据，即证明其权利的证据或者相关信息涉嫌侵权的初步证据。第2款是"取下"的相关规定。合格的"通知"将触发网络服务提供者的义务：（1）及时将该通知转送相关网络用户。（2）根据构成侵权的初步证据和服务类型采取必要措施。网络服务提供者未履行义务的，对损害的扩大部分与该网络用户承担连带责任。第3款是权利人错误通知应当承担侵权责任。法律另有规定的，依照其规定。

案例

指导性案例83号　威海嘉易烤生活家电有限公司诉永康市金仕德工贸有限公司、浙江天猫网络有限公司侵害发明专利权纠纷案

检例第193号　梁永平、王正航等十五人侵犯著作权案

2023-09-2-158-043　广州某文化传播有限公司诉北京某科技有限公司等侵害作品信息网络传播权纠纷案

2023-09-2-160-057　深圳某某公司诉广州某某公司、杭州某某公司侵害发明专利权纠纷案

> 第一千一百九十五条　网络用户利用网络服务实施侵权行为的，权利人有权通知网络服务提供者采取删除、屏蔽、断开链接等必要措施。通知应当包括构成侵权的初步证据及权利人的真实身份信息。
>
> 网络服务提供者接到通知后，应当及时将该通知转送相关网络用户，并根据构成侵权的初步证据和服务类型采取必要措施；未及时采取必要措施的，对损害的扩大部分与该网络用户承担连带责任。
>
> 权利人因错误通知造成网络用户或者网络服务提供者损害的，应当承担侵权责任。法律另有规定的，依照其规定。

由网络服务提供者根据其掌握的证据以及提供服务的类型采取必要措施，所取得的效果应当是在技术能够做到的范围内避免相关信息进一步传播

根据权利人提交通知的形式，通知的准确程度，采取措施的难易程度，网络服务的性质，所涉作品、表演、录音录像制品的类型、知名度、数量等因素综合判断

第一千一百九十五条　网络服务提供者侵权补救措施与责任承担（续）

法律
《电子商务法》第 42 条
《网络安全法》第 43 条
《信息网络传播权保护条例》第 14~17 条
《最高人民法院关于审理利用信息网络侵害人身权益民事纠纷案件适用法律若干问题的规定》第 4、5、10 条
《最高人民法院关于审理使用人脸识别技术处理个人信息相关民事案件适用法律若干问题的规定》第 7 条
《最高人民法院关于审理侵害信息网络传播权民事纠纷案件适用法律若干问题的规定》第 13 条
《最高人民法院关于审理利用信息网络侵害人身权益民事纠纷案件适用法律若干问题的规定》第 2、4、5 条

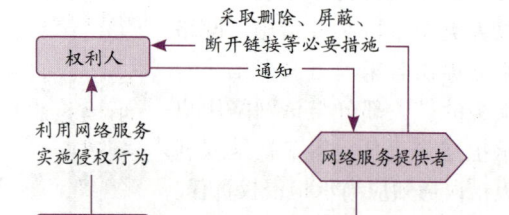

第一千一百九十六条 不存在侵权行为声明

解读 本条是关于"反通知"制度的规定。

本条第1款是网络用户"反通知"的内容。"反通知"声明包括：（1）不存在侵权行为的初步证据。（2）网络用户的真实身份信息。本条第2款是网络服务提供者的义务：（1）转送义务。网络服务提供者接到声明后，应当将该声明转送发出通知的权利人，并告知其可以向有关部门投诉或者向人民法院提起诉讼。（2）及时终止所采取的措施。如果权利人在合理期限内没有投诉或者起诉，表明权利人默示认可反通知，网络服务提供者应当及时终止所采取的措施，恢复相关信息。

法律
《电子商务法》第43条
《信息网络传播权保护条例》第16、17条
《最高人民法院关于审理使用人脸识别技术处理个人信息相关民事案件适用法律若干问题的规定》第7条

> **第一千一百九十六条** 网络用户接到转送的通知后，可以向网络服务提供者提交不存在侵权行为的声明。声明应当包括<u>不存在侵权行为的初步证据及网络用户的真实身份信息</u>。——证明其具有相应权利的证据
>
> 网络服务提供者接到声明后，<u>应当将该声明转送发出通知的权利人，并告知其可以向有关部门投诉或者向人民法院提起诉讼</u>。网络服务提供者在转送声明到达权利人后的合理期限内，未收到权利人已经投诉或者提起诉讼通知的，应当及时终止所采取的措施。——网络服务提供者的义务

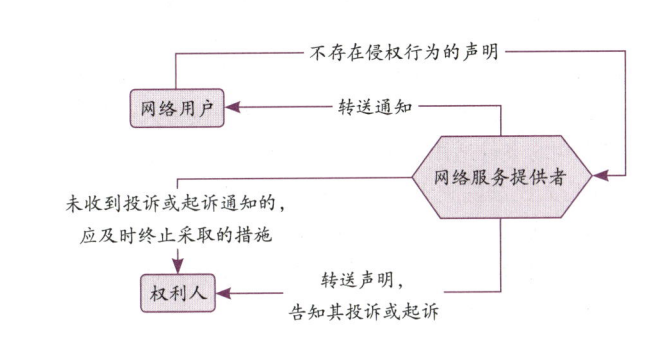

第3章 1188~1201

图表

```
                 不存在侵权行为的声明
   网络用户 ←───────────────────────┐
        ↑         转送通知          │
        └──────────────────→ 网络服务提供者
                                    │
   未收到投诉或起诉通知的，          │
   应及时终止采取的措施              │
        ↓                           │
   权利人 ←─── 转送声明，───────────┘
              告知其投诉或起诉
```

· 39 ·

第一千一百九十七条　网络服务提供者的连带责任

解读　本条是关于网络服务提供者与网络用户承担连带责任的规定。对于网络服务提供者采用的是过错责任。（1）主观上要求网络服务提供者"知道"或者"应当知道"存在侵权行为。①证明行为人"知道"的途径：一是行为人自认。二是通过《民法典》第1195条"通知与取下"程序来证明。②证明行为人"应当知道"，可以大体遵循三大原则：第一，根据提供技术服务的网络服务提供者类型的不同，判断标准应当有所不同；第二，根据保护对象的不同，判断标准也应当有所不同；第三，提供技术服务的网络服务提供者没有普遍审查义务。（2）客观上未采取必要措施。

法律
《个人信息保护法》第20条
《电子商务法》第38、45条
《信息网络传播权保护条例》第23条
《最高人民法院关于审理使用人脸识别技术处理个人信息相关民事案件适用法律若干问题的规定》第7条
《最高人民法院关于审理利用信息网络侵害人身权益民事纠纷案件适用法律若干问题的规定》第2、6条
《最高人民法院关于审理侵害信息网络传播权民事纠纷案件适用法律若干问题的规定》第4、7~9条
《最高人民法院关于审理食品药品纠纷案件适用法律若干问题的规定》第9条

案例
检例第193号　梁永平、王正航等十五人侵犯著作权案
2024-14-2-369-001　李某某诉北京某科技有限公司网络侵权责任纠纷

明确知道

> **第一千一百九十七条**　网络服务提供者知道或者应当知道网络用户利用其网络服务侵害他人民事权益，未采取必要措施的，与该网络用户承担连带责任。

适用"红旗原则"，即当侵权事实在网络空间中像红旗一样明显时，我们便可以根据侵权事实发生的具体环境推定网络服务提供者对侵权事实应当知晓并要求其承担采取必要措施制止侵权行为的义务

图表

网络服务提供者 —— 知道或者应当知道，未采取必要措施
　│连带责任　　　　　　　　　　　　　　　　　他人
网络用户 ——————————— 利用网络侵权 ———→

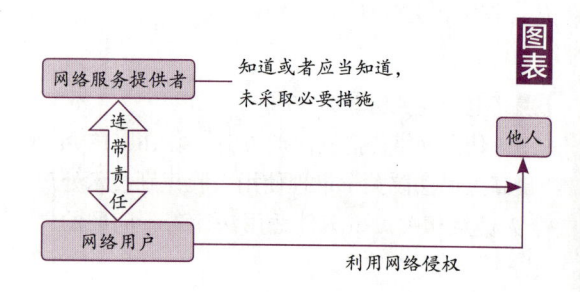

第一千一百九十八条　安全保障义务人责任

解读（1）安全保障义务人包括：①宾馆、商场、银行、车站、机场、体育场馆、娱乐场所等经营场所、公共场所的经营者、管理者。②群众性活动的组织者。（2）保护对象的范围为"他人"，实践中应根据具体情况判断。（3）安全保障义务的内容为，义务人必须采取一定的行为来保护他人的人身或者财产免受侵害。（4）未尽到安全保障义务的侵权责任分为两种：①安全保障义务人未尽到防止他人遭受义务人侵害的安全保障义务的，应当承担侵权责任（对应本条第1款）。②安全保障义务人未尽到防止他人遭受第三人侵害的安全保障义务的，应当承担相应的补充责任（对应本条第2款）。首先由第三人承担侵权责任，在无法找到第三人或者第三人没有能力全部承担赔偿责任时，才由安全保障义务人承担补充责任。经营者、管理者或者组织者承担补充责任后，可以向第三人追偿。

法律《消费者权益保护法》第18条
《互联网上网服务营业场所管理条例》第24条
《物业管理条例》第46条
《最高人民法院关于适用〈中华人民共和国民法典〉侵权责任编的解释（一）》第24、25条

法人或者其他组织面向社会公众举办的参加人人数较多的活动

在合理限度范围内保护他人人身和财产安全的义务

案例　指导性案例140号　李秋月等诉广州市花都区梯面镇红山村村民委员会违反安全保障义务责任纠纷案
公报案例2015年第9期　高子玉诉南京地铁集团有限公司健康权纠纷案

> **第一千一百九十八条**　宾馆、商场、银行、车站、机场、体育场馆、娱乐场所等经营场所、公共场所的经营者、管理者或者群众性活动的组织者，未尽到安全保障义务，造成他人损害的，应当承担侵权责任。
>
> 因第三人的行为造成他人损害的，由第三人承担侵权责任；经营者、管理者或者组织者未尽到安全保障义务的，承担相应的补充责任。经营者、管理者或者组织者承担补充责任后，可以向第三人追偿。

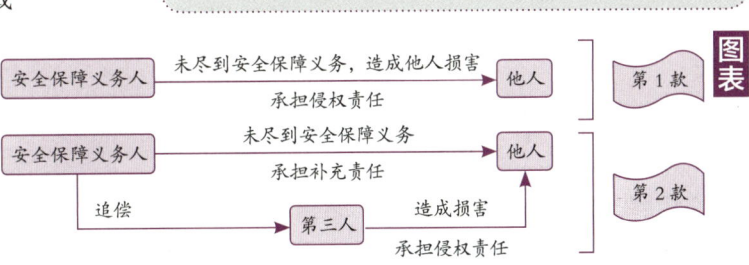

第3章 1188~1201

图表

安全保障义务人 —未尽到安全保障义务，造成他人损害 承担侵权责任→ 他人　【第1款】

安全保障义务人 —未尽到安全保障义务 承担补充责任→ 他人　【第2款】
↓追偿　第三人 —造成损害 承担侵权责任→

第一千一百九十九条 教育机构的过错推定责任

解读 本条是关于无民事行为能力人受到人身损害时，幼儿园、学校或者其他教育机构的侵权责任的规定。（1）本条采用过错推定原则，幼儿园、学校或者其他教育机构可以通过证明已经尽到义务而免责。（2）由幼儿园、学校和其他教育机构承担侵权责任的侵权行为的范围，应当限于发生在幼儿园、学校和其他教育机构的教育、教学活动中或者其负有管理责任的校舍、场地、其他教育教学设施、生活设施中的侵权行为。

> 第一千一百九十九条　无民事行为能力人在幼儿园、学校或者其他教育机构学习、生活期间受到人身损害的，幼儿园、学校或者其他教育机构应当承担侵权责任；但是，能够证明尽到教育、管理职责的，不承担侵权责任。

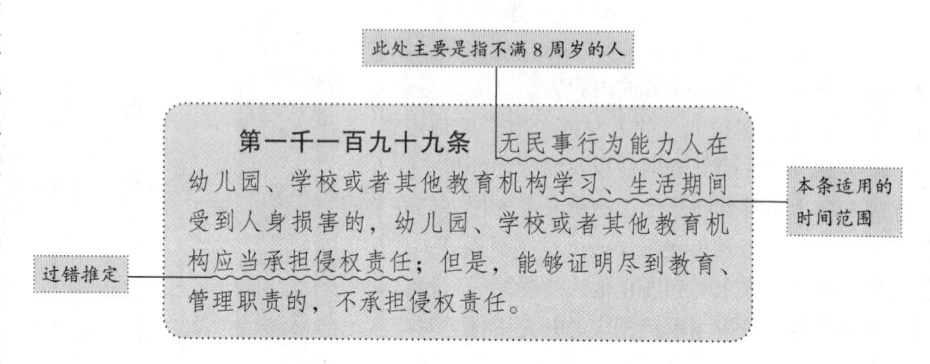

- 此处主要是指不满8周岁的人
- 本条适用的时间范围
- 过错推定

法律
《义务教育法》第16、19、24、27条
《残疾人保障法》第26条
《学校卫生工作条例》
《学生伤害事故处理办法》

图表

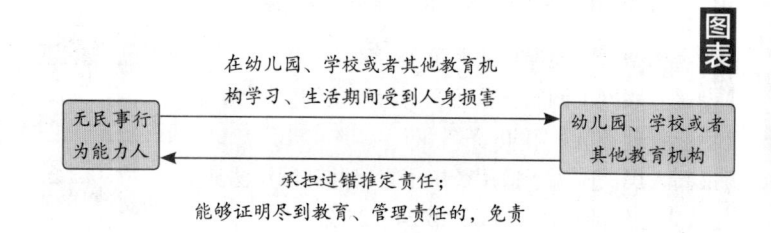

无民事行为能力人 → 在幼儿园、学校或其他教育机构学习、生活期间受到人身损害 → 幼儿园、学校或者其他教育机构

承担过错推定责任；能够证明尽到教育、管理责任的，免责

第一千二百条　教育机构的过错责任

解读 本条是关于限制民事行为能力人受到人身损害时,学校或者其他教育机构的侵权责任的规定。根据本条,限制民事行为能力人在学校或者其他教育机构学习、生活期间受到人身损害的,如果该限制民事行为能力人或者其监护人能够证明学校或者其他教育机构没有尽到教育、管理职责,对该限制民事行为能力人所发生的人身损害有过错,学校或者其他教育机构就要承担责任。本条采用的是过错责任原则。

案例
2024-14-2-371-001　徐某某诉江苏某学校教育机构责任纠纷案
2023-16-2-001-005　刘某乐诉袁某洋、欧某娇、袁某浩、梅江区某小学生命权、健康权、身体权纠纷案
2023-14-2-001-002　吴某某诉张某某、李某、某某青少年体育俱乐部、某财产保险股份有限公司北京市分公司生命权、身体权、健康权纠纷一案

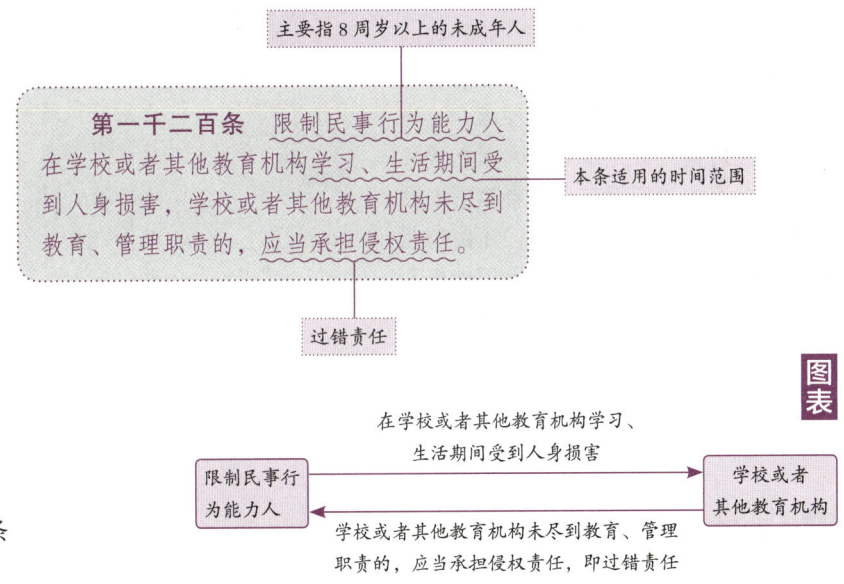

第3章 1188~1201

图表

> **第一千二百条**　限制民事行为能力人在学校或者其他教育机构学习、生活期间受到人身损害,学校或者其他教育机构未尽到教育、管理职责的,应当承担侵权责任。

- 主要指8周岁以上的未成年人
- 本条适用的时间范围
- 过错责任

限制民事行为能力人 → 学校或者其他教育机构
在学校或者其他教育机构学习、生活期间受到人身损害
学校或者其他教育机构未尽到教育、管理职责的,应当承担侵权责任,即过错责任

法律
《未成年人保护法》第28~31、34~40条
《学校体育工作条例》第20、21条

第一千二百零一条　在教育机构内第三人侵权时的责任分担

解读 本条是关于无民事行为能力人或者限制民事行为能力人受到第三人人身损害时的责任分担的规定。（1）第三人的侵权行为直接造成人身损害后果的发生，其作为侵权人就应当依法承担侵权责任。（2）幼儿园、学校或者其他教育机构如果未尽到管理职责，对损害的发生也具有过错，其未尽到管理职责的行为是造成损害发生的间接原因，应当承担补充责任。首先由第三人承担侵权责任，在无法找到第三人或者第三人没有能力全部承担侵权责任时，才由幼儿园、学校或者其他教育机构承担侵权责任。（3）幼儿园、学校或者其他教育机构承担补充责任后，可以向第三人追偿。

法律《学生伤害事故处理办法》第8条

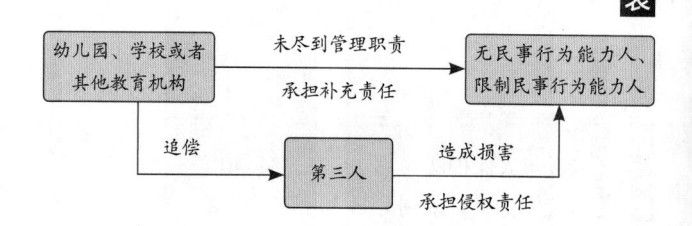

> **第一千二百零一条** 无民事行为能力人或者限制民事行为能力人在幼儿园、学校或者其他教育机构学习、生活期间，受到幼儿园、学校或者其他教育机构以外的第三人人身损害的，由第三人承担侵权责任；幼儿园、学校或者其他教育机构未尽到管理职责的，承担相应的补充责任。幼儿园、学校或者其他教育机构承担补充责任后，可以向第三人追偿。

幼儿园、学校或者其他教育机构的教师、学生和其他工作人员以外的人员

本条适用的时间范围

图表

幼儿园、学校或者其他教育机构 —未尽到管理职责／承担补充责任→ 无民事行为能力人、限制民事行为能力人

幼儿园、学校或者其他教育机构 —追偿→ 第三人 —造成损害／承担侵权责任→ 无民事行为能力人、限制民事行为能力人

第四章 产品责任

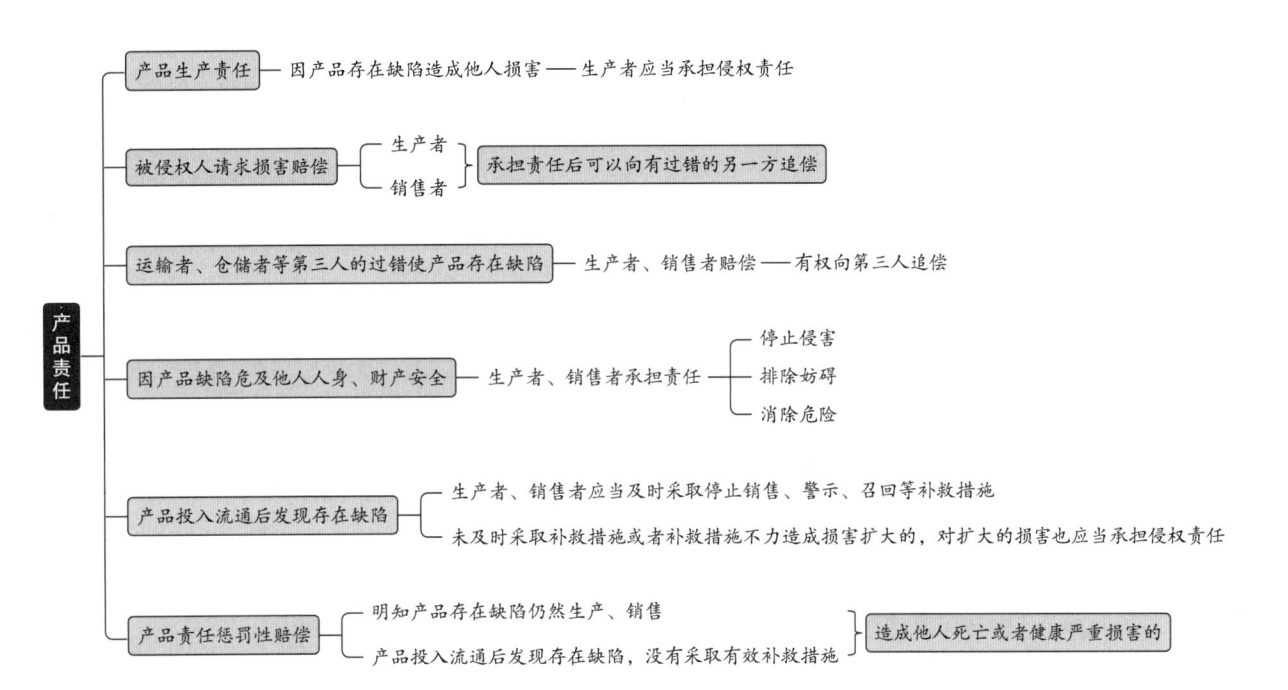

- 产品责任
  - 产品生产责任 —— 因产品存在缺陷造成他人损害 —— 生产者应当承担侵权责任
  - 被侵权人请求损害赔偿 —— 生产者／销售者 —— 承担责任后可以向有过错的另一方追偿
  - 运输者、仓储者等第三人的过错使产品存在缺陷 —— 生产者、销售者赔偿 —— 有权向第三人追偿
  - 因产品缺陷危及他人人身、财产安全 —— 生产者、销售者承担责任
    - 停止侵害
    - 排除妨碍
    - 消除危险
  - 产品投入流通后发现存在缺陷
    - 生产者、销售者应当及时采取停止销售、警示、召回等补救措施
    - 未及时采取补救措施或者补救措施不力造成损害扩大的，对扩大的损害也应当承担侵权责任
  - 产品责任惩罚性赔偿
    - 明知产品存在缺陷仍然生产、销售
    - 产品投入流通后发现存在缺陷，没有采取有效补救措施
    - 造成他人死亡或者健康严重损害的

第一千二百零二条　产品生产者责任

解读 本条是关于产品生产者侵权责任的规定。构成产品责任须具备三个要件：(1)产品具有缺陷。(2)有缺陷产品造成受害人损害的事实。损害事实包括人身损害、财产损害。财产损害既包括缺陷产品以外的其他财产的损害，也包括缺陷产品本身的损害。(3)缺陷产品与损害事实之间存在因果关系，即产品的缺陷与受害人损害事实之间存在引起与被引起的关系。

案例
公报案例 2015 年第 12 期　马水法诉陕西重型汽车有限公司等健康权纠纷案
2023-07-2-373-001　朱某某诉某健康养生馆产品销售者责任纠纷案
2024-08-2-333-013　某财产保险股份有限公司北京市分公司诉被告某（上海）传动系统有限公司保险人代位求偿权纠纷案

即产品存在"不合理危险"：产品存在危及人身、他人财产安全的不合理的危险；产品有保障人体健康和人身、财产安全的国家标准、行业标准的，是指不符合该标准

第一千二百零二条　因产品存在缺陷造成他人损害的，生产者应当承担侵权责任。

包括人身损害、财产损害

图表

无过错责任，不要求生产者存在过错

生产者构成产品责任的要件
- 产品具有缺陷
- 缺陷产品造成受害人损害
- 缺陷产品与损害事实之间存在因果关系

举证责任倒置

法律
《食品安全法》第 33、34、52 条
《产品质量法》第 4、26、41、44~46 条
《国务院关于加强食品等产品安全监督管理的特别规定》第 3~5、9 条
《最高人民法院关于审理食品药品纠纷案件适用法律若干问题的规定》第 5~7 条

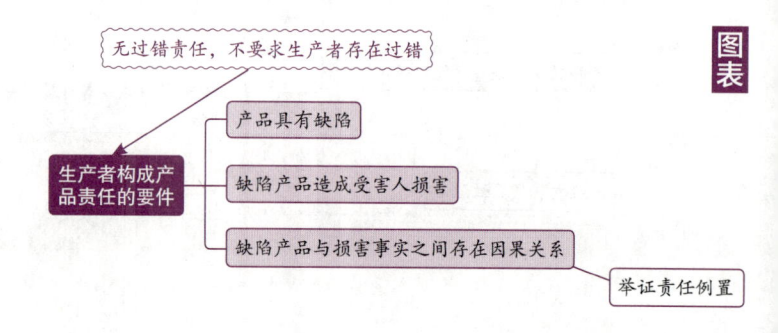

第一千二百零三条　被侵权人请求损害赔偿的途径和先行赔偿人追偿权

解读 本条是关于被侵权人要求损害赔偿的途径和先行赔偿人追偿权的规定。被侵权人因产品存在缺陷遭受损害后,往往不清楚这一缺陷究竟是谁造成的。本条从方便被侵权人维护自己合法权益的角度出发,规定了被侵权人请求赔偿的两个途径:一个是可以向产品的生产者请求赔偿;另一个是可以向产品的销售者请求赔偿。先行垫付赔偿费用的一方在另一方符合承担产品侵权责任条件(生产者承担的是无过错责任,销售者承担的是过错责任)的情形下,可以向对方行使追偿权。

法律 《食品安全法》第148条
《产品质量法》第42、43条
《消费者权益保护法》第40条
《最高人民法院关于审理食品药品纠纷案件适用法律若干问题的规定》第2~4条

案例 2023-07-2-373-001　朱某某诉某健康养生馆产品销售者责任纠纷案

即产品存在"不合理危险":产品存在危及人身、他人财产安全的不合理的危险;产品有保障人体健康和人身、财产安全的国家标准、行业标准的,是指不符合该标准

包括人身损害、财产损害

因产品存在缺陷遭受人身、财产损害之后,有权要求获得赔偿的人

> **第一千二百零三条**　因产品存在缺陷造成他人损害的,被侵权人可以向产品的生产者请求赔偿,也可以向产品的销售者请求赔偿。
> 产品缺陷由生产者造成的,销售者赔偿后,有权向生产者追偿。
> 因销售者的过错使产品存在缺陷的,生产者赔偿后,有权向销售者追偿。

选择权

不要求生产者有过错

要求销售者有过错

第4章 1202~1207

图表

生产者 ← 要求赔偿 ← 被侵权人
因销售者的过错使产品存在缺陷的,生产者赔偿后可追偿
产品缺陷由生产者造成的,销售者赔偿后可追偿
销售者 ← 要求赔偿 ← 被侵权人

· 47 ·

第一千二百零四条　生产者和销售者对有过错第三人的追偿权

解读 为了充分保护被侵权人的利益，本条规定，即使是因运输者、仓储者等第三人的过错使产品存在缺陷造成损害，被侵权人仍然可以请求产品的生产者或者销售者赔偿。同时，因运输者、仓储者等第三人导致产品缺陷造成他人损害的，相关第三人应当按照过错责任原则承担赔偿责任。因此，产品的生产者、销售者赔偿后，有权向有过错的第三人追偿。

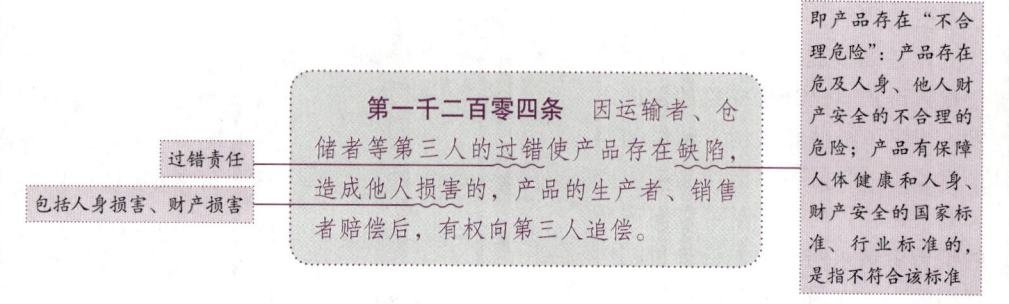

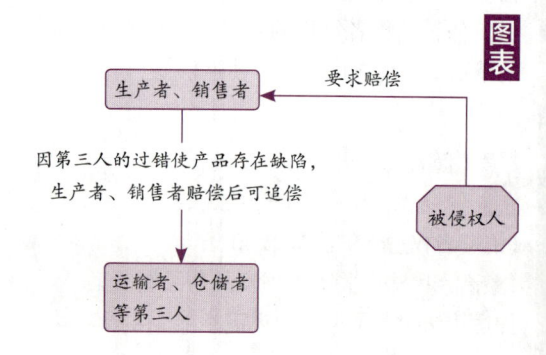

第4章 1202~1207

第一千二百零四条　因运输者、仓储者等第三人的过错使产品存在缺陷，造成他人损害的，产品的生产者、销售者赔偿后，有权向第三人追偿。

- 过错责任
- 包括人身损害、财产损害

即产品存在"不合理危险"：产品存在危及人身、他人财产安全的不合理的危险；产品有保障人体健康和人身、财产安全的国家标准、行业标准的，是指不符合该标准

图表

被侵权人 → 要求赔偿 → 生产者、销售者

因第三人的过错使产品存在缺陷，生产者、销售者赔偿后可追偿

↓

运输者、仓储者等第三人

· 48 ·

第一千二百零五条　因产品缺陷危及他人人身、财产安全的责任承担方式

解读 本条是关于因产品缺陷危及他人人身、财产安全的侵权责任的规定。适用本条须同时具备两个条件：一是产品存在缺陷；二是危及他人人身、财产安全，即有尚未发生、非现实存在的损害，如果不采取相应措施，这种潜在的损害随时都有可能发生，造成受害人的实际损害。承担侵权责任的方式是停止侵害、排除妨碍、消除危险，以及《民法典》总则编规定的其他侵权责任如恢复原状。

法律
《民法典》第 1167 条
《产品质量法》第 41、44、46 条
《消费者权益保护法》第 11、40 条

图表

第一千二百零五条　因产品缺陷危及他人人身、财产安全的，被侵权人有权请求生产者、销售者承担停止侵害、排除妨碍、消除危险等侵权责任。

- （1）侵权行为正在实施和持续，而非已经结束；
- （2）侵权行为已经危及被侵权人的人身、财产安全，而非不可能危及

侵权行为人实施某种行为妨害他人正常行使权利或者妨害他人合法利益的，被侵权人请求人民法院排除权人的侵权行为

受到威胁的人有权请求法院责令对构成危险的责任人采取有效措施消除侵害他人人身或者财产的威胁和现实可能性

即产品存在"不合理危险"：产品存在危及人身、他人财产安全的不合理的危险；产品有保障人体健康和人身、财产安全的国家标准、行业标准的，是指不符合该标准

适用于各种正在进行的侵权行为

产品缺陷对他人可能产生的影响
- 造成他人损害
  - 生产者　承担侵权责任——无过错责任　《民法典》第 1202 条
  - 销售者　有过错的，承担侵权责任——过错责任　《民法典》第 1203 条
  - 第三人　有过错的，承担侵权责任——过错责任　《民法典》第 1204 条
- 危及他人人身、财产安全　承担停止侵害、排除妨碍、消除危险等侵权责任　《民法典》第 1205 条

第 4 章 1202~1207

第一千二百零六条　流通后发现有缺陷的补救措施和侵权责任

解读　生产者、销售者可能因某种原因或者技术水平等，在产品投入流通时未能发现产品有缺陷，而在产品售出已经进入流通后才发现产品存在缺陷。本条规定，此时，生产者、销售者应当及时采取停止销售、警示、召回等补救措施，以防止损害的发生或者进一步扩大。本条旨在明确生产者、销售者对产品跟踪服务的义务，在上述情形下，生产者、销售者未及时采取补救措施或者补救措施不力造成损害扩大的，对扩大的损害也应当承担侵权责任。为更好地保护被侵权人的权益，本条明确被侵权人因相关产品被召回支出的必要费用由生产者、销售者负担。

法律　《食品安全法》第 63 条
《消费者权益保护法》第 19 条
《缺陷汽车产品召回管理条例》
《药品召回管理办法》
《食品召回管理办法》

即产品存在"不合理危险"：产品存在危及人身、他人财产安全的不合理的危险；产品有保障人体健康和人身、财产安全的国家标准、行业标准的，是指不符合该标准

对正在销售的产品采取下架、封存等不再出售的措施

产品的生产者、销售者依法定程序，对其生产或者销售的缺陷产品以换货、退货、更换零配件等方式，及时消除或减少缺陷产品危害的行为

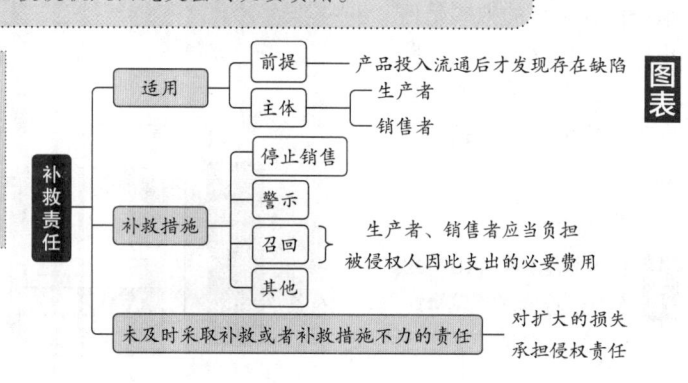

第一千二百零六条　产品投入流通后发现存在缺陷的，生产者、销售者应当及时采取停止销售、警示、召回等补救措施；未及时采取补救措施或者补救措施不力造成损害扩大的，对扩大的损害也应当承担侵权责任。

依据前款规定采取召回措施的，生产者、销售者应当负担被侵权人因此支出的必要费用。

案例　公报案例 2013 年第 11 期　捷跑电子科技有限公司诉青岛海信进出口有限公司国际货物买卖合同纠纷案

对产品有关的危险或产品的正确使用给予说明、提醒、提请使用者在使用该产品时注意已经存在的危险或者潜在的危险

包括无害化处理、销毁、停止生产或者服务等

限于扩大的部分

图表

补救责任
- 适用
  - 前提 —— 产品投入流通后才发现存在缺陷
  - 主体 —— 生产者 / 销售者
- 补救措施
  - 停止销售
  - 警示
  - 召回 } 生产者、销售者应当负担被侵权人因此支出的必要费用
  - 其他
- 未及时采取补救或者补救措施不力的责任 —— 对扩大的损失承担侵权责任

第一千二百零七条 产品责任惩罚性赔偿

解读 产品责任中适用惩罚性赔偿的条件有三个：（1）侵权人具有主观故意，具体包括两种：①明知产品存在缺陷仍然生产、销售。②产品投入流通后发现存在缺陷，未及时采取补救措施。（2）造成严重损害的事实，即造成他人死亡或者健康受到严重损害。（3）要有因果关系，即被侵权人的死亡或者健康严重受损害是侵权人生产或者销售的缺陷产品造成的，或者生产者、销售者在产品投入流通后发现存在缺陷没有依照《民法典》第1206条的规定采取有效补救措施。

法律
《食品安全法》第148条
《消费者权益保护法》第55条
《最高人民法院关于审理食品药品纠纷案件适用法律若干问题的规定》第15条
《最高人民法院关于审理医疗损害责任纠纷案件适用法律若干问题的解释》第23条

案例 指导性案例23号 孙银山诉南京欧尚超市有限公司江宁店买卖合同纠纷案

即产品存在"不合理危险"：产品存在危及人身、他人财产安全的不合理的危险；产品有保障人体健康和人身、财产安全的国家标准、行业标准的，是指不符合该标准

被侵权人要求的惩罚赔偿金的数额应当与侵权人的恶意相当，与侵权人造成的损害后果相当，与对侵权人威慑相当

主观上必须是明知，恶意较大

第一千二百零七条 明知产品存在缺陷仍然生产、销售，或者没有依据前条规定采取有效补救措施，造成他人死亡或者健康严重损害的，被侵权人有权请求相应的惩罚性赔偿。

生产者、销售者均可构成

未及时采取补救措施或者补救措施不力

第4章 1202~1207

图表

惩罚性赔偿的适用
- 侵权人具有主观故意
  - 明知是有缺陷的产品仍然生产或者销售
  - 产品投入流通后发现存在缺陷，生产者、销售者没有采取有效补救措施
- 有损害事实
  - 他人死亡
  - 他人健康受到严重损害
- 因果关系
  - 损害是侵权人生产或者销售的缺陷产品造成的
  - 损害是因为生产者、销售者没有采取有效补救措施

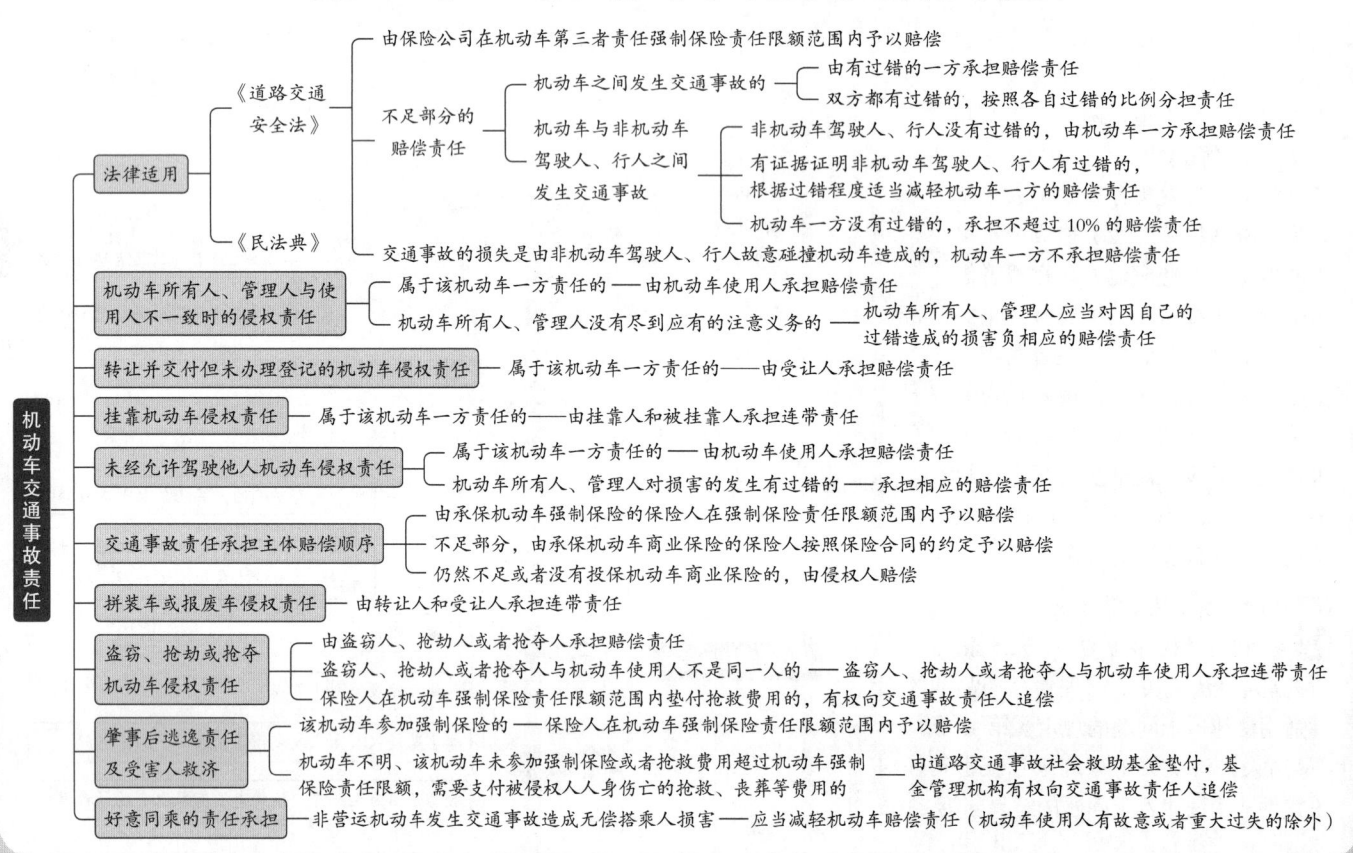

第五章　机动车交通事故责任

机动车交通事故责任

- **法律适用**
  - 《道路交通安全法》
    - 由保险公司在机动车第三者责任强制保险责任限额范围内予以赔偿
    - 不足部分的赔偿责任
      - 机动车之间发生交通事故的
        - 由有过错的一方承担赔偿责任
        - 双方都有过错的，按照各自过错的比例分担责任
      - 机动车与非机动车驾驶人、行人之间发生交通事故
        - 非机动车驾驶人、行人没有过错的，由机动车一方承担赔偿责任
        - 有证据证明非机动车驾驶人、行人有过错的，根据过错程度适当减轻机动车一方的赔偿责任
        - 机动车一方没有过错的，承担不超过10%的赔偿责任
  - 《民法典》——交通事故的损失是由非机动车驾驶人、行人故意碰撞机动车造成的，机动车一方不承担赔偿责任

- **机动车所有人、管理人与使用人不一致时的侵权责任**
  - 属于该机动车一方责任的——由机动车使用人承担赔偿责任
  - 机动车所有人、管理人没有尽到应有的注意义务的——机动车所有人、管理人应当对因自己的过错造成的损害负相应的赔偿责任

- **转让并交付但未办理登记的机动车侵权责任**——属于该机动车一方责任的——由受让人承担赔偿责任

- **挂靠机动车侵权责任**——属于该机动车一方责任的——由挂靠人和被挂靠人承担连带责任

- **未经允许驾驶他人机动车侵权责任**
  - 属于该机动车一方责任的——由机动车使用人承担赔偿责任
  - 机动车所有人、管理人对损害的发生有过错的——承担相应的赔偿责任

- **交通事故责任承担主体赔偿顺序**
  - 由承保机动车强制保险的保险人在强制保险责任限额范围内予以赔偿
  - 不足部分，由承保机动车商业保险的保险人按照保险合同的约定予以赔偿
  - 仍然不足或者没有投保机动车商业保险的，由侵权人赔偿

- **拼装车或报废车侵权责任**——由转让人和受让人承担连带责任

- **盗窃、抢劫或抢夺机动车侵权责任**
  - 由盗窃人、抢劫人或者抢夺人承担赔偿责任
  - 盗窃人、抢劫人或者抢夺人与机动车使用人不是同一人的——盗窃人、抢劫人或者抢夺人与机动车使用人承担连带责任
  - 保险人在机动车强制保险责任限额范围内垫付抢救费用的，有权向交通事故责任人追偿

- **肇事后逃逸责任及受害人救济**
  - 该机动车参加强制保险的——保险人在机动车强制保险责任限额范围内予以赔偿
  - 机动车不明、该机动车未参加强制保险或者抢救费用超过机动车强制保险责任限额，需要支付被侵权人人身伤亡的抢救、丧葬等费用的——由道路交通事故社会救助基金垫付，基金管理机构有权向交通事故责任人追偿

- **好意同乘的责任承担**——非营运机动车发生交通事故造成无偿搭乘人损害——应当减轻机动车赔偿责任（机动车使用人有故意或者重大过失的除外）

第一千二百零八条　机动车交通事故责任的法律适用

解读 本条是关于机动车发生交通事故造成损害承担赔偿责任的原则性规定。（1）机动车发生交通事故造成人身伤亡、财产损失的，由保险公司在机动车第三者责任强制保险责任限额范围内予以赔偿。（2）不足的部分，按照下列规定承担赔偿责任：①机动车之间发生交通事故的，由有过错的一方承担赔偿责任；双方都有过错的，按照各自过错的比例分担责任。②机动车与非机动车驾驶人、行人之间发生交通事故，非机动车驾驶人、行人没有过错的，由机动车一方承担赔偿责任；有证据证明非机动车驾驶人、行人有过错的，根据过错程度适当减轻机动车一方的赔偿责任；机动车一方没有过错的，承担不超过10%的赔偿责任。（3）交通事故的损失是由非机动车驾驶人、行人故意碰撞机动车造成的，机动车一方不承担赔偿责任。

法律
《道路交通安全法》第17、22、76条
《道路交通安全法实施条例》第86、87、90~95条
《最高人民法院关于审理道路交通事故损害赔偿案件适用法律若干问题的解释》
《道路交通事故处理程序规定》第3、4、60、61条
《机动车交通事故责任强制保险条例》第2、21、23条

案例
2023-11-2-466-003　江苏省东台市人民检察院诉徐某华、某财险南通公司生态环境保护民事公益诉讼案
2023-11-2-377-001　某生态环境局诉金某、某物流公司等环境污染责任纠纷案

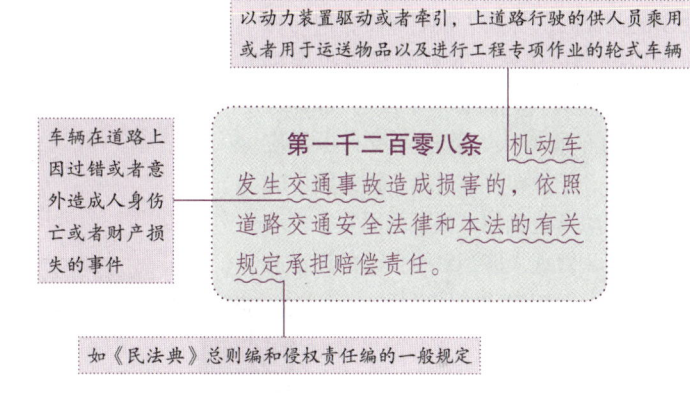

第5章
1208~1217

以动力装置驱动或者牵引，上道路行驶的供人员乘用或者用于运送物品以及进行工程专项作业的轮式车辆

车辆在道路上因过错或者意外造成人身伤亡或者财产损失的事件

第一千二百零八条　机动车发生交通事故造成损害的，依照道路交通安全法律和本法的有关规定承担赔偿责任。

如《民法典》总则编和侵权责任编的一般规定

第一千二百零九条 机动车所有人、管理人与使用人不一致时的侵权责任

解读 本条是关于因租赁、借用等情形机动车所有人、管理人与使用人不是同一人时，发生交通事故后如何承担赔偿责任的规定。（1）机动车发生交通事故造成损害，属于该机动车一方责任的，先由承保机动车强制保险的保险人在强制保险责任限额范围内予以赔偿。不足部分，如果机动车一方购买了商业保险，由承保机动车商业保险的保险人按照保险合同的约定予以赔偿；仍然不足或者没有投保机动车商业保险的，由机动车使用人赔偿。（2）机动车所有人、管理人没有尽到应有的注意义务，即存在过错，该过错可能成为该机动车造成他人损害的因素，机动车所有人、管理人应当对因自己的过错造成的损害承担相应的赔偿责任。

法律 《民法典》第1213条
《最高人民法院关于审理道路交通事故损害赔偿案件适用法律若干问题的解释》第1条

图表

机动车所有人将机动车在一定时间内交付承租人使用、收益，机动车所有人收取租赁费用，不提供驾驶劳务的行为

机动车所有人将机动车在约定时间内交由借用人使用的行为

承租人、借用人、机动车出质期间的质权人、维修期间的维修人、由他人保管期间的保管人等

第一千二百零九条 因租赁、借用等情形机动车所有人、管理人与使用人不是同一人时，发生交通事故造成损害，属于该机动车一方责任的，由机动车使用人承担赔偿责任；机动车所有人、管理人对损害的发生有过错的，承担相应的赔偿责任。

机动车所有人、管理人与使用人不一致时的侵权责任
- 机动车使用人一方承担责任
  - 由承保机动车强制保险的保险人在强制保险责任限额范围内予以赔偿
  - 不足部分——如果机动车一方购买了商业保险，由承保机动车商业保险的保险人按照保险合同的约定予以赔偿
  - 仍然不足或者没有投保机动车商业保险的——由机动车使用人赔偿
- 机动车所有人、管理人没有尽到应有的注意义务——机动车所有人、管理人应当对因自己的过错造成的损害承担相应的赔偿责任

第一千二百一十条　转让并交付但未办理登记的机动车侵权责任

解读 本条是关于已经转让并交付但未办理登记的机动车发生交通事故，承担责任主体的规定。当事人之间已经以买卖、赠与等方式转让并交付机动车但未办理登记的，原机动车所有人已经不是真正的所有人，不具有机动车的实质所有权，丧失了对机动车运行支配的能力，应由受让人承担赔偿责任。

> **第一千二百一十条**　当事人之间已经以买卖或者其他方式转让并交付机动车但是未办理登记，发生交通事故造成损害，属于该机动车一方责任的，由受让人承担赔偿责任。

- 行政管理上的登记
- 实际交付

第5章 1208~1217

图表

转让并交付但未办理登记的机动车侵权责任：
- 由承保机动车强制保险的保险人在强制保险责任限额范围内予以赔偿
- 不足部分 —— 如果机动车一方购买了商业保险，由承保机动车商业保险的保险人按照保险合同的约定予以赔偿
- 仍然不足或者没有投保机动车商业保险的 —— 受让人承担赔偿责任

法律 《民法典》第1213条
《道路交通安全法》第8、12条
《最高人民法院关于审理道路交通事故损害赔偿案件适用法律若干问题的解释》第2条

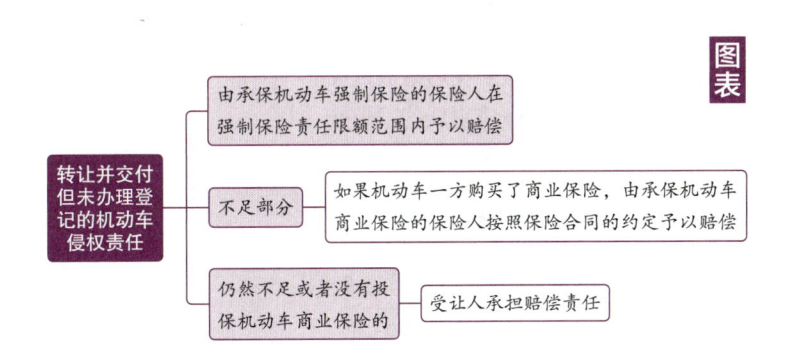

· 55 ·

第一千二百一十一条　挂靠机动车侵权责任

解读 本条是关于挂靠车辆引发交通事故时的责任主体的规定。以挂靠形式从事道路运输经营活动一般有三个特点：（1）"四证统一"，即车辆行驶证、道路运输证、驾驶证、营业性道路运输驾驶员从业资格证上的车主、业户、单位、服务单位都统一为被挂靠主体的名称；（2）挂靠机动车向被挂靠主体交纳费用；（3）具有隐蔽性，虽然挂靠双方签订有关运输经营的合同或内部协议，但发生交通事故造成损害时，被侵权人无法从外观上区别挂靠机动车是否属于被挂靠主体。从解决实际赔偿问题的角度出发，本条规定，发生交通事故造成损害，属于该机动车一方责任的，由挂靠人和被挂靠人承担连带责任。

为了交通营运过程中的方便，将车辆登记于某个具有运输经营权资质的经营主体名下，以该主体的名义进行运营，并由挂靠者向被挂靠主体支付一定的费用的形式

第一千二百一十一条　以挂靠形式从事道路运输经营活动的机动车，发生交通事故造成损害，属于该机动车一方责任的，由挂靠人和被挂靠人承担连带责任。

法律《民法典》第 178 条
《最高人民法院关于适用〈中华人民共和国民事诉讼法〉的解释》第 54 条

图表

挂靠人 —造成损害→ 受害人
被挂靠人 —连带责任→ 受害人

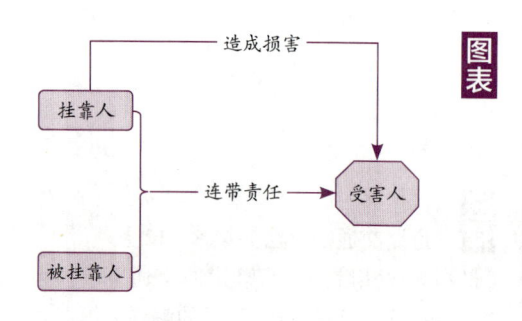

第一千二百一十二条　未经允许驾驶他人机动车侵权责任

解读 本条是关于未经允许驾驶他人机动车，发生交通事故造成损害时责任主体的确定。（1）未经允许驾驶他人车辆，车主对此不知情的，一般不应承担侵权责任，由机动车使用人承担责任。（2）机动车所有人、管理人对损害的发生有过错的，承担相应的赔偿责任。（3）盗窃人、抢劫人或者抢夺人与机动车使用人不是同一人，发生交通事故造成损害，不属于本条规定的情形，属于该机动车一方责任的，由盗窃人、抢劫人或者抢夺人与机动车使用人承担连带责任。

法律《民法典》第 1215 条

图表

第一千二百一十二条　未经允许驾驶他人机动车，发生交通事故造成损害，属于该机动车一方责任的，由机动车使用人承担赔偿责任；机动车所有人、管理人对损害的发生有过错的，承担相应的赔偿责任，但是本章另有规定的除外。

- 并非以取得所有权为目的，仅未经允许而驾驶他人机动车
- 未经允许驾驶他人机动车的人
- 机动车所有人、管理人没有履行一般人应有的谨慎注意义务
- 主要指《民法典》第 1215 条规定的盗窃、抢劫或抢夺机动车侵权责任

不存在盗窃、抢劫或者抢夺机动车发生交通事故的情况

机动车使用人 —造成损害→ 受害人
机动车使用人 —赔偿责任→ 受害人

对损害的发生有过错的，承担相应的赔偿责任

机动车所有人、管理人

第一千二百一十三条 交通事故责任承担主体赔偿顺序

解读 本条是关于机动车发生交通事故造成损害赔偿顺序的规定：
（1）先由承保机动车强制保险的保险人在强制保险责任限额范围内予以赔偿。机动车强制保险具有一定的公共政策性质，赔偿的范围比较广、赔付较为及时，其主要目的是及时、有效地救助机动车交通事故中的受害人。（2）机动车强制保险赔偿不足部分，由承保机动车商业保险的保险人根据保险合同的约定予以赔偿。商业保险的成立基础在于契约自由，其主要目的在于分散机动车驾驶人的事故责任风险，由投保人自愿购买。（3）机动车商业保险赔偿仍然不足的，由侵权人赔偿。

法律
《道路交通安全法》第76条
《最高人民法院关于审理道路交通事故损害赔偿案件适用法律若干问题的解释》第13条
《机动车交通事故责任强制保险条例》第21、23条

案例
公报案例2017年第4期 程春颖诉张涛、中国人民财产保险股份有限公司南京市分公司机动车交通事故责任纠纷案
2023-16-2-374-007 朱某、保险公司诉田某、蔡某香机动车交通事故责任纠纷案
2023-11-2-374-001 江西省遂川县生态环境局诉某和财保荆门公司等机动车交通事故责任纠纷案
2023-11-2-377-001 某生态环境局诉金某、某物流公司等环境污染责任纠纷案

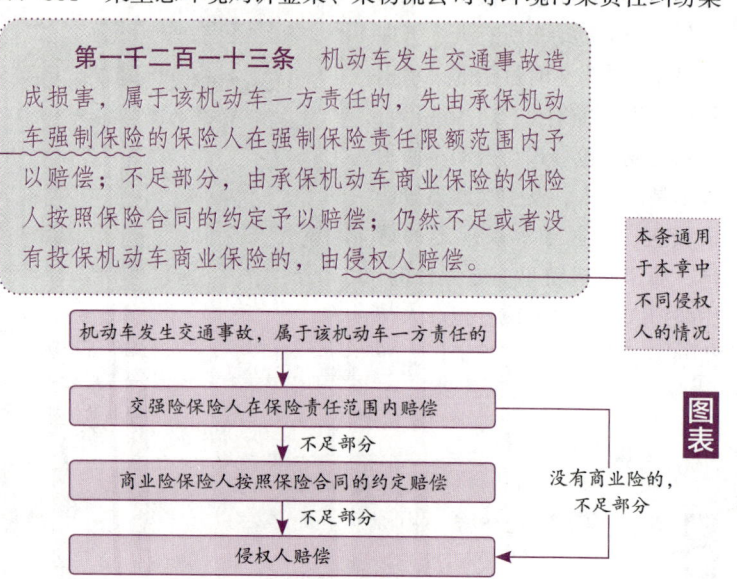

由保险人对被保险机动车发生道路交通事故造成受害人（不包括本车人员和被保险人）的人身伤亡、财产损失，在责任限额内予以赔偿的强制性责任保险

第一千二百一十三条 机动车发生交通事故造成损害，属于该机动车一方责任的，先由承保机动车强制保险的保险人在强制保险责任限额范围内予以赔偿；不足部分，由承保机动车商业保险的保险人按照保险合同的约定予以赔偿；仍然不足或者没有投保机动车商业保险的，由侵权人赔偿。

本条适用于本章中不同侵权人的情况

图表

机动车发生交通事故，属于该机动车一方责任的
↓
交强险保险人在保险责任范围内赔偿
↓ 不足部分
商业险保险人按照保险合同的约定赔偿 ← 没有商业险的，不足部分
↓ 不足部分
侵权人赔偿

第一千二百一十四条　拼装车或报废车侵权责任

解读 本条是关于以买卖或者其他方式转让拼装的或者已经达到报废标准的机动车发生交通事故造成损害如何承担责任的规定。转让拼装的或者已经达到报废标准的机动车，属于违法行为，上路行驶则具有更大的危险性，因此，对以买卖、赠与等方式转让拼装的或者已经达到报废标准的机动车，由买卖、赠与等转让人和受让人、赠与人和受赠人承担连带责任。这样规定有利于预防并制裁转让、驾驶拼装的或者已经达到报废标准的机动车的行为，也可以较为充分地保护受害人的权利。

> 指达到国家报废标准，或者虽未达到国家报废标准，但发动机或者底盘严重损坏，经检验不符合国家机动车运行安全技术条件或者国家机动车污染物排放标准的机动车

> **第一千二百一十四条**　以买卖或者其他方式转让拼装或者已经达到报废标准的机动车，发生交通事故造成损害的，由转让人和受让人承担连带责任。

> 指使用报废汽车发动机、方向机、变速器、前后桥、车架（统称"五大总成"）以及其他零配件组装的机动车

法律
《道路交通安全法》第 14、16、100 条
《报废机动车回收管理办法》第 15 条
《最高人民法院关于审理道路交通事故损害赔偿案件适用法律若干问题的解释》第 4 条

图表

以买卖或者其他方式转让拼装车或者已经达到报废标准的机动车

转让人 ──造成损害──→ 受害人
受让人 ──连带责任──→ 受害人

第一千二百一十五条　盗窃、抢劫或抢夺机动车侵权责任

解读 本条是关于盗抢的机动车发生交通事故造成损害的赔偿责任主体以及垫付抢救费用后追偿权的规定。（1）盗窃、抢劫或者抢夺的机动车发生交通事故造成损害的，由盗抢人承担赔偿责任。机动车所有人、管理人丧失了对机动车的运行支配力，与机动车发生交通事故没有直接的因果关系，因此机动车所有人、管理人不承担赔偿责任。（2）为了惩罚盗窃人、抢劫人或者抢夺人，使他们不能逃脱法律的制裁，本条规定盗窃人、抢劫人或者抢夺人与机动车使用人承担连带责任。（3）机动车发生交通事故后，应当首先由保险人在强制保险限额范围内承担赔偿责任。但是，盗窃人、抢劫人或者抢夺人具有明显且严重的过错，对道路交通安全构成了严重威胁。因此，保险人在机动车强制保险责任限额范围内垫付抢救费用的，有权向交通事故责任人追偿。

法律 《民法典》第1213条
《机动车交通事故责任强制保险条例》第22条

> **第一千二百一十五条**　盗窃、抢劫或者抢夺的机动车发生交通事故造成损害的，由盗窃人、抢劫人或者抢夺人承担赔偿责任。盗窃人、抢劫人或者抢夺人与机动车使用人不是同一人，发生交通事故造成损害，属于该机动车一方责任的，由盗窃人、抢劫人或者抢夺人与机动车使用人承担连带责任。
>
> 保险人在机动车强制保险责任限额范围内垫付抢救费用的，有权向交通事故责任人追偿。

盗窃人、抢劫人或者抢夺人将机动车出售、出租、借用、赠送，从而实际使用该机动车的人

图表

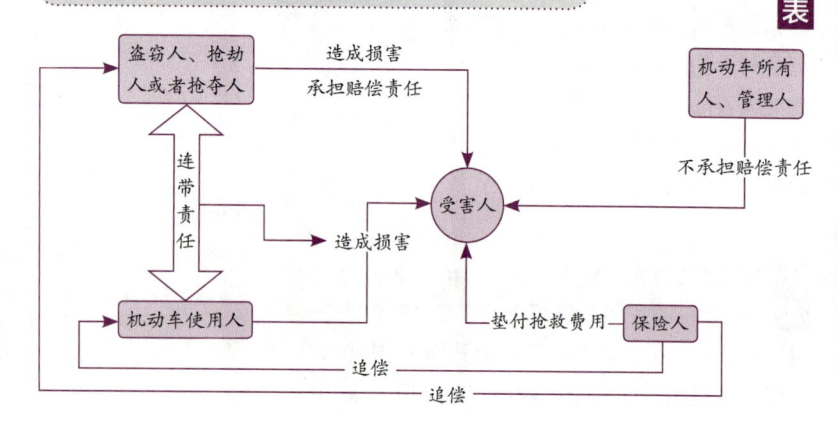

第一千二百一十六条　肇事后逃逸责任及受害人救济

解读 本条是关于机动车驾驶人发生交通事故后逃逸的，对受害人的救济、道路交通事故社会救助基金追偿权的规定。(1) 发生交通事故的机动车参加了机动车强制保险，并且发生交通事故后能够确定机动车的，由保险公司在机动车强制保险责任限额范围内予以赔偿。(2) 国家设立道路交通事故社会救助基金，为及时救助和保护被侵权人利益，三种情况下由道路交通事故社会救助基金垫付被侵权人人身伤亡的抢救、丧葬等费用：①机动车不明；②该机动车未参加强制保险；③抢救费用超过机动车强制保险责任限额。(3) 为体现公平原则，引导机动车参加强制保险，本条规定，道路交通事故社会救助基金垫付后，其管理机构有权向交通事故责任人追偿。

法律
《刑法》第133条
《道路交通安全法》第17、70、75条
《道路交通安全法实施条例》第92条
《机动车交通事故责任强制保险条例》第24条
《道路交通事故社会救助基金管理办法》第2、9、14~22、28、29、41~44条

发生道路交通事故后，道路交通事故当事人为逃避法律追究，驾驶车辆或者遗弃车辆逃离道路交通事故现场的行为

第一千二百一十六条　机动车驾驶人发生交通事故后逃逸，该机动车参加强制保险的，由保险人在机动车强制保险责任限额范围内予以赔偿；机动车不明、该机动车未参加强制保险或者抢救费用超过机动车强制保险责任限额，需要支付被侵权人人身伤亡的抢救、丧葬等费用的，由道路交通事故社会救助基金垫付。道路交通事故社会救助基金垫付后，其管理机构有权向交通事故责任人追偿。

案例 公报案例2018年第5期　天平汽车保险股份有限公司苏州中心支公司诉王克忠追偿权纠纷案

不是驾驶人不明

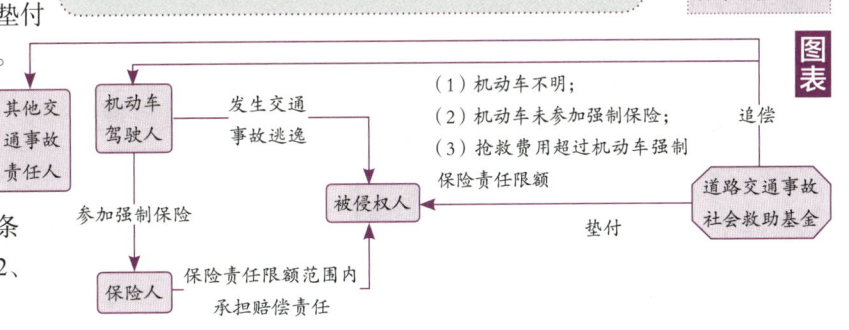

依法筹集用于垫付机动车道路交通事故中受害人人身伤亡的丧葬费用、部分或者全部抢救费用的社会专项基金

图表

（1）机动车不明；
（2）机动车未参加强制保险；
（3）抢救费用超过机动车强制保险责任限额

第一千二百一十七条　好意同乘的责任承担

解读　本条是关于好意同乘情形下的责任承担的规定。非营运机动车的驾驶人基于亲情或者友情在上下班、出游途中无偿搭载自己的亲朋好友、邻居同事的情形，生活中常被称为"搭便车"。（1）出于公序良俗和社会道德考虑，应当减轻机动车一方的责任。（2）好意同乘中，机动车使用人的责任适用过错责任原则。①机动车一方不能免除责任。②如果机动车使用人有故意或者重大过失的，不减轻其对无偿搭乘人的赔偿责任。（3）减轻的是对无偿搭乘人的赔偿责任。对机动车外人员或者财产的赔偿责任不适用本条。

法律　《最高人民法院关于适用〈中华人民共和国民法典〉时间效力的若干规定》第18条

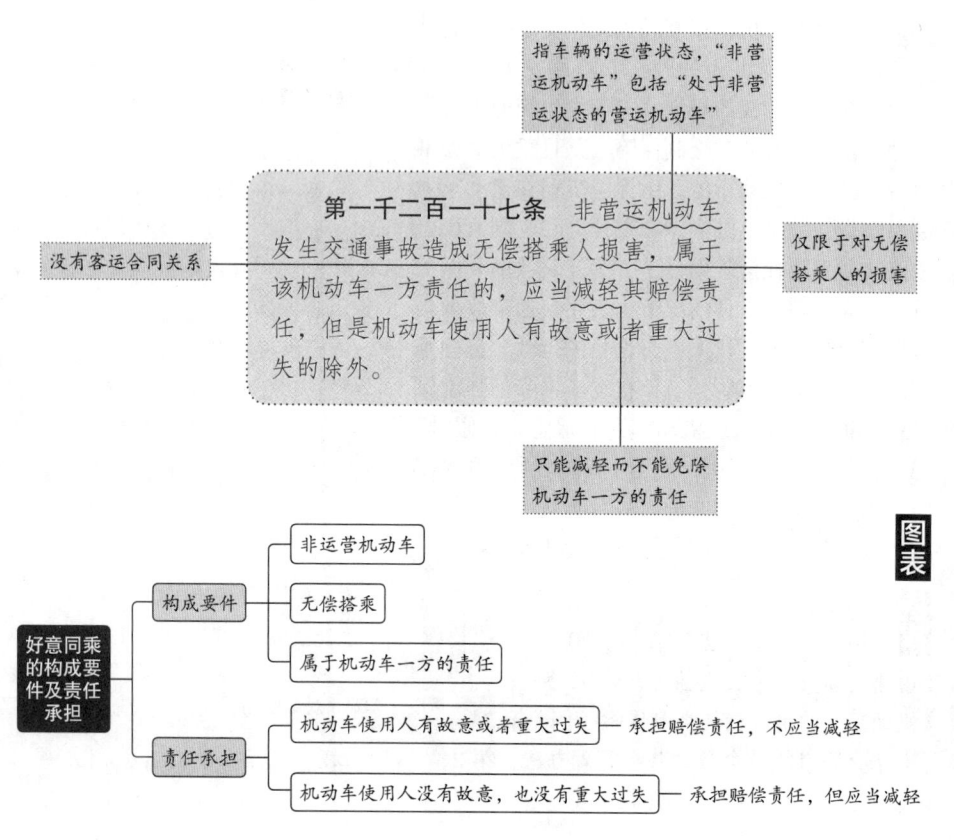

图表

第一千二百一十七条　非营运机动车发生交通事故造成无偿搭乘人损害，属于该机动车一方责任的，应当减轻其赔偿责任，但是机动车使用人有故意或者重大过失的除外。

- 没有客运合同关系
- 指车辆的运营状态，"非营运机动车"包括"处于非营运状态的营运机动车"
- 仅限于对无偿搭乘人的损害
- 只能减轻而不能免除机动车一方的责任

好意同乘的构成要件及责任承担
- 构成要件
  - 非运营机动车
  - 无偿搭乘
  - 属于机动车一方的责任
- 责任承担
  - 机动车使用人有故意或者重大过失 —— 承担赔偿责任，不应当减轻
  - 机动车使用人没有故意，也没有重大过失 —— 承担赔偿责任，但应当减轻

第六章 医疗损害责任

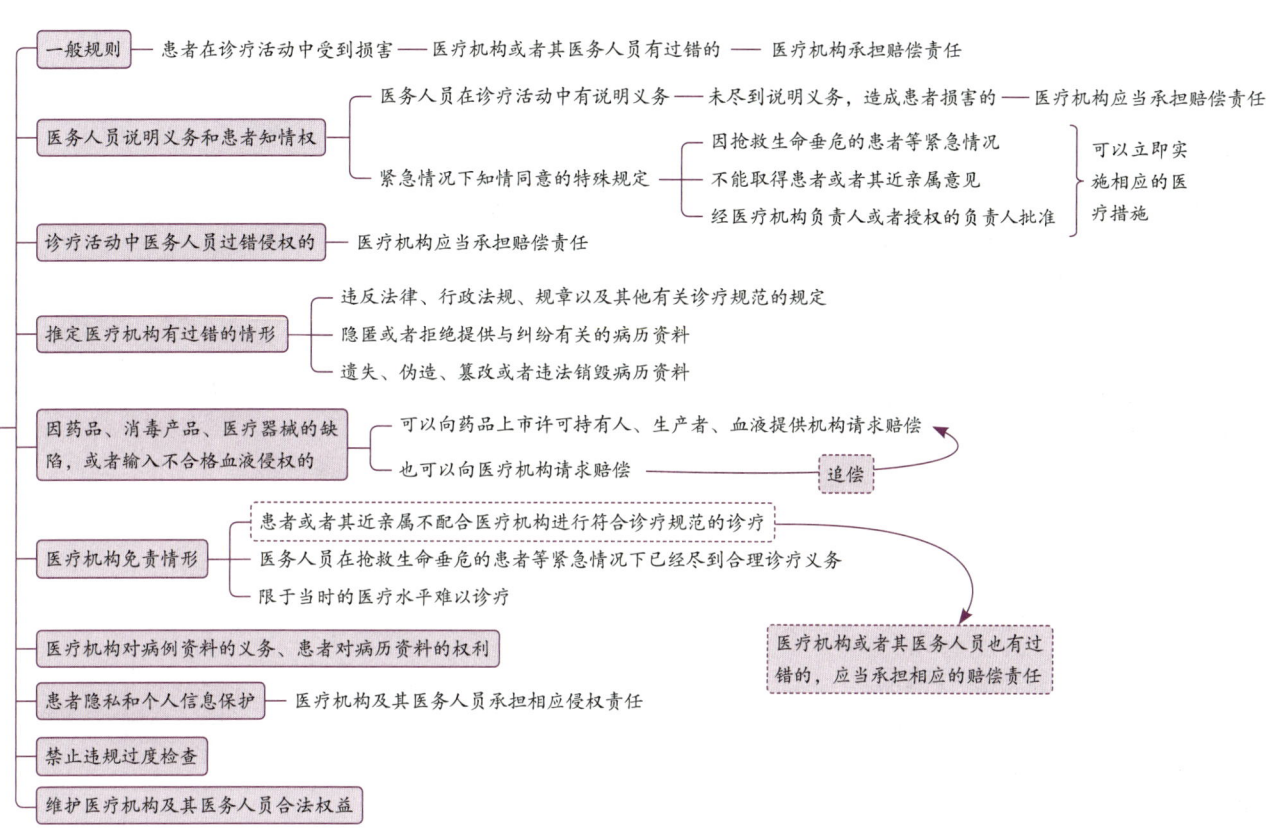

- **医疗损害责任**
  - 一般规则 — 患者在诊疗活动中受到损害 — 医疗机构或者其医务人员有过错的 — 医疗机构承担赔偿责任
  - 医务人员说明义务和患者知情权
    - 医务人员在诊疗活动中有说明义务 — 未尽到说明义务,造成患者损害的 — 医疗机构应当承担赔偿责任
    - 紧急情况下知情同意的特殊规定
      - 因抢救生命垂危的患者等紧急情况
      - 不能取得患者或者其近亲属意见
      - 经医疗机构负责人或者授权的负责人批准
      - ⇒ 可以立即实施相应的医疗措施
  - 诊疗活动中医务人员过错侵权的 — 医疗机构应当承担赔偿责任
  - 推定医疗机构有过错的情形
    - 违反法律、行政法规、规章以及其他有关诊疗规范的规定
    - 隐匿或者拒绝提供与纠纷有关的病历资料
    - 遗失、伪造、篡改或者违法销毁病历资料
  - 因药品、消毒产品、医疗器械的缺陷,或者输入不合格血液侵权的
    - 可以向药品上市许可持有人、生产者、血液提供机构请求赔偿
    - 也可以向医疗机构请求赔偿 — 追偿 → 医疗机构或者医务人员也有过错的,应当承担相应的赔偿责任
  - 医疗机构免责情形
    - 患者或者其近亲属不配合医疗机构进行符合诊疗规范的诊疗
    - 医务人员在抢救生命垂危的患者等紧急情况下已经尽到合理诊疗义务
    - 限于当时的医疗水平难以诊疗
  - 医疗机构对病例资料的义务、患者对病历资料的权利
  - 患者隐私和个人信息保护 — 医疗机构及其医务人员承担相应侵权责任
  - 禁止违规过度检查
  - 维护医疗机构及其医务人员合法权益

第一千二百一十八条　医疗损害责任归责原则和责任承担主体

解读 本条是关于医疗损害责任归责原则的规定。根据本条的规定，医疗损害责任原则上为过错责任，由医疗机构承担赔偿责任。除特殊情况，医疗损害责任中适用"谁主张，谁举证"的举证原则，即主张医疗机构承担医疗损害赔偿责任的，受害人除需要举证证明医疗机构或者其医务人员的行为与患者的损害具有因果关系外，还需要对医疗机构或者其医务人员的过错进行证明。

案例 2024-07-2-504-002 孙某某诉北京某医疗美容诊所侵权责任纠纷案

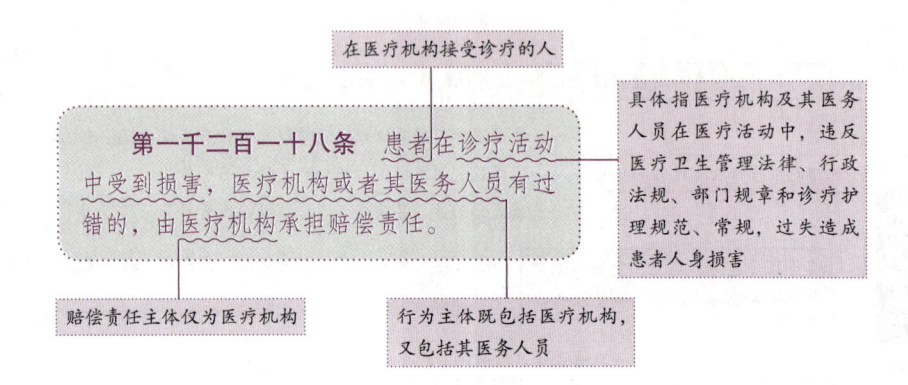

第一千二百一十八条　患者在诊疗活动中受到损害，医疗机构或者其医务人员有过错的，由医疗机构承担赔偿责任。

- 在医疗机构接受诊疗的人
- 具体指医疗机构及其医务人员在医疗活动中，违反医疗卫生管理法律、行政法规、部门规章和诊疗护理规范、常规，过失造成患者人身损害
- 赔偿责任主体仅为医疗机构
- 行为主体既包括医疗机构，又包括其医务人员

法律
《医师法》第 23 条
《医疗机构管理条例》第 2、14 条
《医疗事故处理条例》第 2、15~18 条
《最高人民法院关于审理医疗损害责任纠纷案件适用法律若干问题的解释》第 1、2、4 条
《医疗机构管理条例实施细则》第 88 条

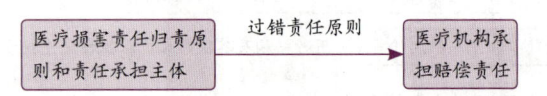

图表

医疗损害责任归责原则和责任承担主体 —过错责任原则→ 医疗机构承担赔偿责任

第一千二百一十九条　医务人员说明义务和患者知情同意权

解读 本条是关于医疗机构的说明义务和患者知情同意权的规定。一般情况下，医务人员说明义务的内容应包括患者病情和医疗措施。特殊情况（需要实施手术、特殊检查、特殊治疗的）下，除前述内容，还应对医疗风险、替代医疗方案等情况进行及时说明，并取得患者本人明确同意；不能或不宜对患者本人进行说明并征求同意的，应向其近亲属说明并获得明确同意。此处明确同意的形式多样，具体根据诊疗规范、实践情况等认定。本条第2款规定了医务人员未尽前述义务造成患者损害的责任承担，即医疗机构承担赔偿责任。

法律
《医师法》第25、29条
《医疗事故处理条例》第11条
《医疗机构管理条例》第32条
《医疗机构管理条例实施细则》第62条
《最高人民法院关于审理医疗损害责任纠纷案件适用法律若干问题的解释》第5、17条

对病情和医疗措施的一般性说明是医务人员的义务

具有下列情形之一的诊断、治疗活动：（1）有一定危险性，可能产生不良后果的检查和治疗；（2）由于患者体质特殊或者病情危笃，可能对患者产生不良后果和危险的检查和治疗；（3）临床试验性检查和治疗；（4）收费可能对患者造成较大经济负担的检查和治疗

除这两项外，医务人员还应履行前文规定的对病情和医疗措施的说明义务

《民法典》将原《侵权责任法》规定的"书面同意"改为"明确同意"，不限定于书面形式的同意

既包括不能向患者说的情况，如患者昏迷或者由于生理、精神状态无法作出有效判断；也包括不方便给患者说的情况，如告知患者会导致患者极度恐惧、不安的情况

第一千二百一十九条　医务人员在诊疗活动中应当向患者说明病情和医疗措施。需要实施手术、特殊检查、特殊治疗的，医务人员应当及时向患者具体说明医疗风险、替代医疗方案等情况，并取得其明确同意；不能或者不宜向患者说明的，应当向患者的近亲属说明，并取得其明确同意。

医务人员未尽到前款义务，造成患者损害的，医疗机构应当承担赔偿责任。

配偶、父母、子女、兄弟姐妹、祖父母、外祖父母、孙子女、外孙子女

此处需证明的过错即医务人员未尽到本条第1款的义务，既包括医务人员未进行或未完全进行一般说明的情况，也包括其特殊情况下未进行或未完全进行说明的情况，还包括特殊情况下进行了说明但未征得患者或其近亲属明确同意即进行手术、特殊检查、特殊治疗的情况

医务人员未尽说明义务造成患者损害的侵权责任 → 过错责任原则 → 医疗机构承担赔偿责任

第一千二百二十条　紧急情况下知情同意的特殊规定

解读 本条是关于紧急情况下实施医疗措施的规定。本条是关于《民法典》第1219条规定的医疗机构的说明义务和患者知情同意权的特殊情况，即在抢救生命垂危患者等紧急情况下，无法取得患者本人或者其近亲属对手术、特殊检查、特殊治疗等的同意。在这种情况下，为了保护患者的生命健康，医疗机构负责人或者授权的负责人可批准立即实施相应的医疗措施。

法律
《医师法》第27条
《医疗机构管理条例》第32条
《最高人民法院关于审理医疗损害责任纠纷案件适用法律若干问题的解释》第5、18条

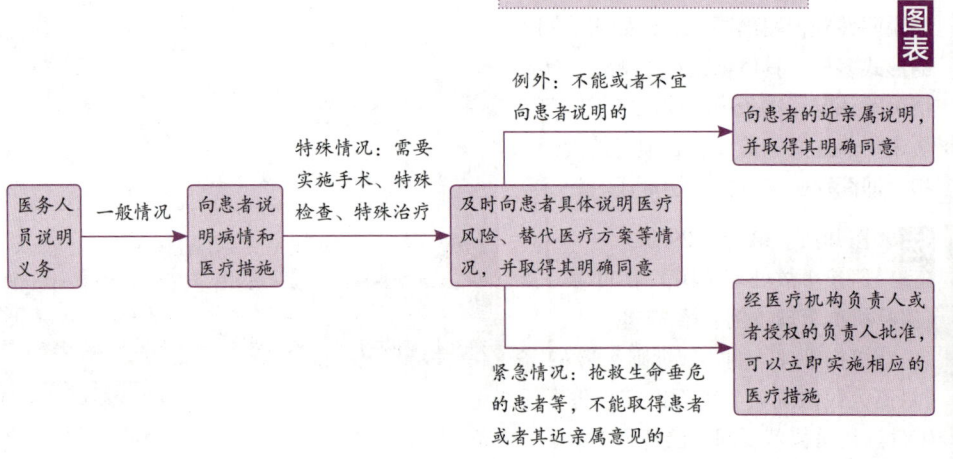

指患者不能表达意志，也无近亲属或联系不到近亲属的情况，不包括患者或者其近亲属明确表示拒绝采取医疗措施的情况。

第一千二百二十条　因抢救生命垂危的患者等紧急情况，不能取得患者或者其近亲属意见的，经医疗机构负责人或者授权的负责人批准，可以立即实施相应的医疗措施。

有权批准的主体仅限于此处列举的医疗机构负责人或者授权的负责人

图表

医务人员说明义务 →（一般情况）→ 向患者说明病情和医疗措施 →（特殊情况：需要实施手术、特殊检查、特殊治疗）→ 及时向患者具体说明医疗风险、替代医疗方案等情况，并取得其明确同意

例外：不能或者不宜向患者说明的 → 向患者的近亲属说明，并取得其明确同意

紧急情况：抢救生命垂危的患者等，不能取得患者或者其近亲属意见的 → 经医疗机构负责人或者授权的负责人批准，可以立即实施相应的医疗措施

第一千二百二十一条　诊疗活动中医务人员过错的界定

解读 本条是关于医务人员过错造成患者损害，由医疗机构赔偿的规定。本条规定的侵权责任要件包括：医务人员实施了未尽到诊疗义务的行为、医务人员有过错（故意或过失）、造成患者损害的结果、前述行为与损害之间有因果关系。医务人员为此处的行为主体，医疗机构为赔偿责任承担主体。

案例 2022 年重庆法院多元解纷优秀调解案例之十九　胡某某与云阳县某医院医疗损害责任纠纷调解案

> 是一种注意义务，也是判断医务人员是否有过失的标准

> **第一千二百二十一条**　医务人员在诊疗活动中未尽到与当时的医疗水平相应的诊疗义务，造成患者损害的，医疗机构应当承担赔偿责任。

> 医务人员的诊疗行为遵守法律、行政法规、规章以及其他有关诊疗规范的规定，谨慎行为，可以理解为一般情况下医务人员可以尽到的避免患者受到损害的义务

法律
《医师法》第 23、28 条
《医疗机构管理条例》第 24、26、30、34、35 条
《医疗事故处理条例》第 5、15 条
《最高人民法院关于审理医疗损害责任纠纷案件适用法律若干问题的解释》第 16 条

图表

医务人员过错造成损害责任 —过错责任原则→ 医疗机构承担赔偿责任

第 6 章
1218~
1228

· 67 ·

第一千二百二十二条　推定医疗机构有过错的情形

解读 本条是关于推定医疗机构有过错的情形的规定。本条是《民法典》第1218条规定的医疗损害责任一般归责原则的例外，即原则上，医疗损害责任为过错责任，由受损害的患者承担医务人员或医疗机构等有过错的举证责任，但在本条规定的三种情况下，推定医疗机构有过错，由医疗机构承担其不存在过错的举证责任。

> 此种情形下，医疗机构未尽到法定义务，适用举证责任倒置

> **第一千二百二十二条**　患者在诊疗活动中受到损害，有下列情形之一的，推定医疗机构有过错：
> （一）违反法律、行政法规、规章以及其他有关诊疗规范的规定；
> （二）隐匿或者拒绝提供与纠纷有关的病历资料；
> （三）遗失、伪造、篡改或者违法销毁病历资料。

> 病历资料本身就是通常由医疗机构控制的材料，医疗机构隐匿或拒绝提供的，患者举证难度极大，所以在这种情形下适用举证责任倒置

> 此种情形下，医疗机构有较大的主观恶意，行为性质恶劣，适用举证责任倒置

法律
《医师法》第24、56条
《医疗机构病历管理规定》第14条
《最高人民法院关于审理医疗损害责任纠纷案件适用法律若干问题的解释》第6条

第一千二百二十三条　药品、消毒产品、医疗器械的缺陷，或者输入不合格血液的侵权责任

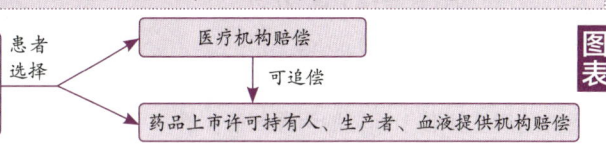

解读　本条是关于因药品、消毒产品、医疗器械的缺陷，或者输入不合格的血液造成患者损害的损害赔偿请求权的规定。本条涉及的药品、消毒产品、医疗器械属于《民法典》规定的"产品"，因其存在缺陷造成损害的，可以依照"产品责任"一章的规定，向药品上市许可持有人、生产者、血液提供机构请求赔偿。根据本条的规定，受损害的患者可以选择赔偿主体：既可以要求前述主体承担赔偿责任，也可以选择医疗机构承担赔偿责任。此时医疗机构承担过错责任，且其承担赔偿责任后，可以向负有责任的药品上市许可持有人、生产者、血液提供机构追偿。

法律
《药品管理法》第 2、6、30、50、56、59、69、81、144 条
《消毒管理办法》第 45 条
《医疗器械监督管理条例》第 103 条
《最高人民法院关于审理医疗损害责任纠纷案件适用法律若干问题的解释》第 3、7、21、22、25 条
《医疗机构药事管理规定》第 18~31 条

用于预防、治疗、诊断人的疾病，有目的地调节人的生理机能并规定有适应症或者功能主治、用法和用量的物质，包括中药、化学药和生物制品等

包括消毒剂，消毒器械（含生物指示物、化学指示物和灭菌物品包装物），卫生用品和一次性使用医疗用品

第一千二百二十三条　因药品、消毒产品、医疗器械的缺陷，或者输入不合格的血液造成患者损害的，患者可以向药品上市许可持有人、生产者、血液提供机构请求赔偿，也可以向医疗机构请求赔偿。患者向医疗机构请求赔偿的，医疗机构赔偿后，有权向负有责任的药品上市许可持有人、生产者、血液提供机构追偿。

取得药品注册证书的企业或者药品研制机构等

产品责任

医疗损害责任

直接或者间接用于人体的仪器、设备、器具、体外诊断试剂及校准物、材料以及其他类似或者相关的物品，包括所需要的计算机软件；其效用主要通过物理等方式获得，不是通过药理学、免疫学或者代谢的方式获得，或者虽然有这些方式参与但是只起辅助作用。其用途是：（1）疾病的诊断、预防、监护、治疗或者缓解；（2）损伤的诊断、监护、治疗、缓解或者功能补偿；（3）生理结构或者生理过程的检测、替代、调节或者支持；（4）生命的支持或者维持；（5）妊娠控制；（6）通过对来自人体的样本进行检查，为医疗或者诊断目的提供信息

图表

药品、消毒产品、医疗器械的缺陷，或者输入不合格血液的侵权责任 → 患者选择 →
- 医疗机构赔偿 → 可追偿 →
- 药品上市许可持有人、生产者、血液提供机构赔偿

第6章　1218~1228

第一千二百二十四条 医疗机构免责情形

解读 本条是关于医疗机构不承担赔偿责任的情形的规定。另外，《民法典》侵权责任编第一章规定的免责或减轻责任的一般规定，如第1174、1175条，也适用于医疗损害责任。本条规定的医疗机构不承担医疗损害责任的情形包括：（1）患者或者其近亲属不配合医疗机构进行符合诊疗规范的诊疗；本条第2款对此进行了补充规定，即医疗机构在此情形下免责的条件是其或其医务人员没有过错。（2）医务人员在抢救生命垂危的患者等紧急情况下已经尽到合理诊疗义务。（3）限于当时的医疗水平难以诊疗。

法律 《医师法》第27条
《医疗机构管理条例》第30条
《医疗事故处理条例》第33条
《最高人民法院关于审理医疗损害责任纠纷案件适用法律若干问题的解释》第4条

> 此类行为主体不限于患者，还包括其近亲属

> 主要是指突发疾病、意外伤害等导致患者生命垂危甚至死亡，需要及时、有效的急救措施的情况，包括心脏骤停、严重创伤、急性中毒、窒息、休克等

> 此类紧急情况主要有以下特点：（1）必须在很短暂的时间内有效诊疗，否则患者会有生命危险；（2）患者的生命健康受到正在发生、现实存在的威胁

> **第一千二百二十四条** 患者在诊疗活动中受到损害，有下列情形之一的，医疗机构不承担赔偿责任：
> （一）患者或者其近亲属不配合医疗机构进行符合诊疗规范的诊疗；
> （二）医务人员在抢救生命垂危的患者等紧急情况下已经尽到合理诊疗义务；
> （三）限于当时的医疗水平难以诊疗。
> 前款第一项情形中，医疗机构或者其医务人员也有过错的，应当承担相应的赔偿责任。

> 现代医学发展仍有局限性，对医疗机构履行诊疗义务的要求不能超过其本身的现实可行性

> 本条第2款是对第1款第1项的补充规定，即不是有第1款第1项的情形医疗机构就绝对免责；医疗机构或者其医务人员有过错，且行为与损害结果有因果关系的，医疗机构仍然要承担医疗损害责任

> 此项规定的情形中，重点并不仅是患者或者其近亲属的不配合行为，还有医疗机构及其医务人员尽到了合理说明义务和相应的诊疗义务

> 关于"尽到合理诊疗义务"，至少应做到以下几点：（1）准确诊断患者伤病情况。（2）采取合理、适当的治疗措施。当时情况过于紧急的，应当至少先采取控制患者伤病恶化的紧急措施，脱离紧急情况后再做进一步诊断和治疗。（3）谨慎履行说明告知义务。（4）将紧急救治措施对患者造成的损害控制在合理限度之内

第一千二百二十五条　医疗机构对病例资料的义务、患者对病历资料的权利

解读　本条是关于医疗机构对病历的义务及患者对病历的权利的规定。填写并妥善保管病历资料是医疗机构及其医务人员的义务，这也意味着这些病历资料主要由医疗机构掌握。鉴于医疗行业的特点，在发生医患纠纷时，住院志、医嘱单、检验报告、手术及麻醉记录、病理资料、护理记录等病历资料就成了极为关键的证据。而《民法典》规定医疗损害责任的一般归责原则为过错责任原则，这就意味着受损害患者需要提交包括这些病历资料在内的材料证明医疗机构的过错。因此，《民法典》赋予患者查阅和复制这类资料的权利，以平衡双方举证能力。

法律
《医师法》第 24 条
《精神卫生法》第 47 条
《医疗机构病历管理规定》
《医疗纠纷预防和处理条例》第 16、17 条
《医疗事故处理条例》第 8~10、56 条

包括门（急）诊病历和住院病历中的体温单、医嘱单、住院志（入院记录）、手术同意书、麻醉同意书、麻醉记录、手术记录、病重（病危）患者护理记录、出院记录、输血治疗知情同意书、特殊检查（特殊治疗）同意书、病理报告、检验报告等辅助检查报告单、医学影像检查资料等

原则上须为患者本人或者其委托代理人，但患者死亡的，其近亲属、法定继承人或者其代理人也可以查阅、复制病历资料

《民法典》在原《侵权责任法》规定的基础上加了"及时"，进一步明确了医疗机构的义务及保护患者权利

> **第一千二百二十五条**　医疗机构及其医务人员应当按照规定填写并妥善保管住院志、医嘱单、检验报告、手术及麻醉记录、病理资料、护理记录等病历资料。
> 患者要求查阅、复制前款规定的病历资料的，医疗机构应当及时提供。

医疗机构拒绝提供病历资料的法律后果：（1）民事责任：依照《民法典》第 1222 条第 2 项的规定，患者在诊疗活动中受到损害，医疗机构隐匿或者拒绝提供与纠纷有关的病历资料的，推定医疗机构有过错。（2）行政责任：依照《医疗事故处理条例》第 56 条第 2 项的规定，没有正当理由，拒绝为患者提供复印或者复制病历资料服务的，由卫生行政部门责令改正；情节严重的，对负有责任的主管人员和其他直接责任人员依法给予行政处分或者纪律处分

查阅、复制的内容主要是门（急）诊病历或者门（急）诊电子病历，以及由医疗机构保管的住院病历等

图表

医疗机构及其医务人员 —填写并妥善保存→ 住院志、医嘱单、检验报告、手术及麻醉记录、病理资料、护理记录等病历资料 ←查阅、复制权— 患者

第一千二百二十六条　患者隐私和个人信息保护

解读　本条是关于患者隐私和个人信息保护的规定。基于医疗行业的特点，医疗机构及其医务人员在诊疗活动中会不可避免地掌握患者的隐私和个人信息，前者对此有保密义务。关于泄露患者的隐私和个人信息的侵权责任，本条在原《侵权责任法》第62条规定的基础上删除了"造成患者损害"才承担侵权责任的规定，意味着医疗机构及其医务人员只要有相关行为，无论是否造成患者损害，都应承担侵权责任。

> 包括患者身份信息、病情、既往病史以及为诊断病情了解的其他个人信息

> 包括医疗机构及其医务人员将其在诊疗活动中掌握的患者的隐私和个人信息对外公布、披露的行为，以及未经患者同意而将患者的身体暴露给与诊疗活动无关人员的行为

第一千二百二十六条　医疗机构及其医务人员应当对患者的隐私和个人信息保密。泄露患者的隐私和个人信息，或者未经患者同意公开其病历资料的，应当承担侵权责任。

> 此处重点之一是未经患者同意。公开病历的常见场景包括医疗机构及其医务人员主动公开或提供患者的医学文书及有关资料，如出于医学会诊、医学教学或者传染性疾病防治、医药研发等目的，以及被动公开，如医疗机构因对医学文书及有关资料管理不善，向未取得患者授权的人公开病历资料

法律
《民法典》第110、111、1032~1035条
《医师法》第23条
《个人信息保护法》第28条
《传染病防治法》第12条

图表

泄露患者的隐私和个人信息的 —（无论是否造成患者损害）→ 医疗机构承担赔偿责任

第一千二百二十七条　禁止违规过度检查

解读 本条是关于医疗机构及其医务人员不得违反诊疗规范实施不必要检查的规定。判断"检查"是否"必要",标准是其是否符合诊疗规范即诊疗需求。当前过度检查的问题还是普遍存在的。这不仅涉及医疗机构及其医务人员诊疗活动的问题,还是一个复杂的社会问题。本条在法律层面明确禁止了过度检查行为。不过,对于是适度检查还是过度检查,由于信息不对称等,患者时常无法与医疗机构及其医务人员达成共识,这就更需要后者谨慎履行说明义务。

法律《医师法》第 31 条
《卫生部、国家中医药管理局关于建立健全防控医药购销领域商业贿赂长效机制的工作方案》

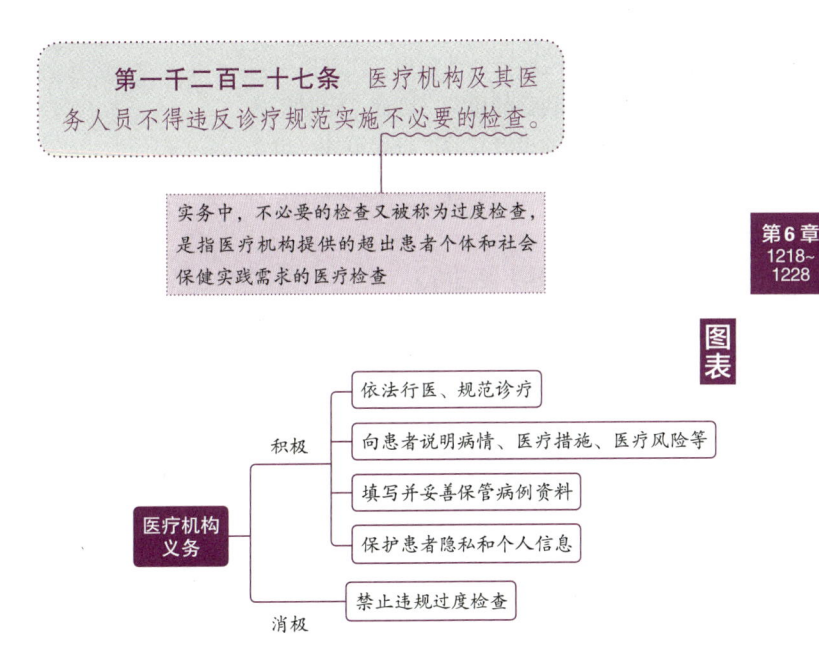

图表

第一千二百二十七条　医疗机构及其医务人员不得违反诊疗规范实施不必要的检查。

实务中,不必要的检查又被称为过度检查,是指医疗机构提供的超出患者个体和社会保健实践需求的医疗检查。

医疗机构义务
- 积极
  - 依法行医、规范诊疗
  - 向患者说明病情、医疗措施、医疗风险等
  - 填写并妥善保管病例资料
  - 保护患者隐私和个人信息
- 消极
  - 禁止违规过度检查

第一千二百二十八条　维护医疗机构及其医务人员合法权益

解读 本条是关于维护医疗机构及其医务人员合法权益的规定。医患矛盾是当前社会焦点问题之一。门诊及住院量的大幅上升、部分患者对医疗机构的不切实际的期望、部分医疗机构本身管理不到位等问题导致医患纠纷日益增多。法律介入医疗活动是为了实现医患双方权利的平衡和利益的协调，因此，除对医患双方中相对弱势的患者权益进行保障外，也需对医疗机构及其医务人员合法权益进行保障。

法律
《医疗卫生与健康促进法》
《刑法》第290条第1款
《国家卫生计生委、中央综治办、公安部、司法部关于进一步做好维护医疗秩序工作的通知》
《国家卫生健康委员会关于政协十三届全国委员会第三次会议第1777号（医疗体育类157号）提案答复的函》
《国家卫生健康委员会关于政协十三届全国委员会第三次会议第3324号（医疗体育类491号）提案答复的函》
《国家卫生健康委员会对十三届全国人大三次会议第4050号建议的答复》

第一千二百二十八条　医疗机构及其医务人员的合法权益受法律保护。

干扰医疗秩序，妨碍医务人员工作、生活，侵害医务人员合法权益的，应当依法承担法律责任。

> 不限于医务人员工作过程中的"医闹"，在医疗机构外，妨碍医务人员生活的行为也属于本条第2款规定的侵权行为

第七章 环境污染和生态破坏责任

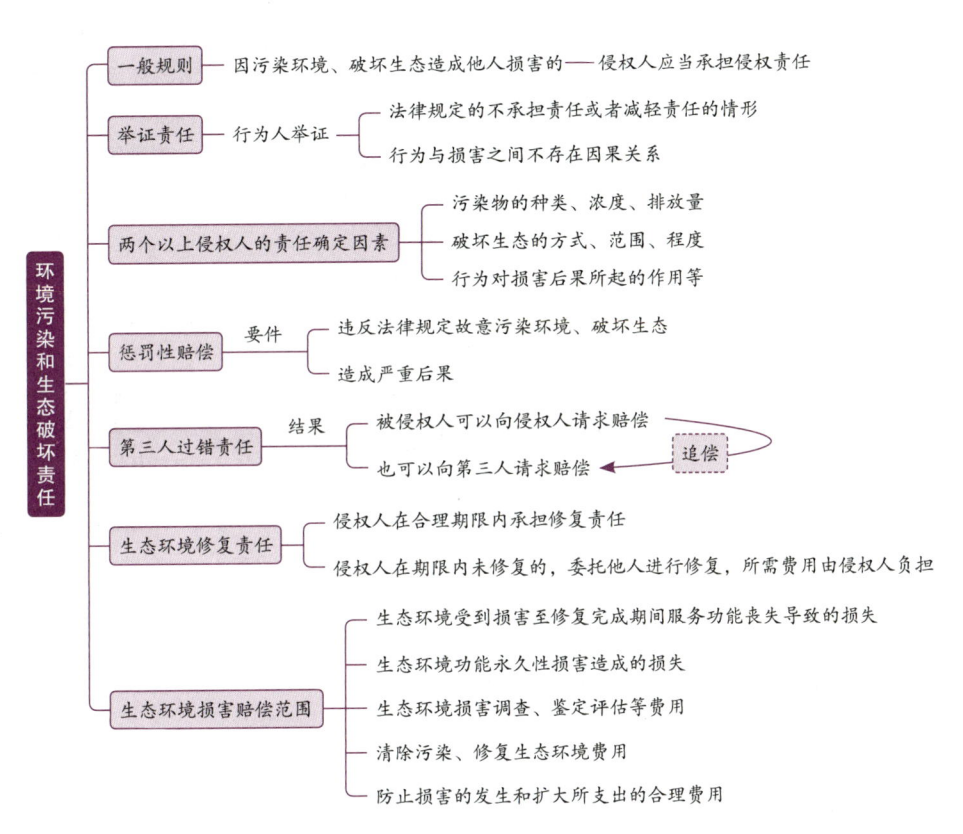

环境污染和生态破坏责任
- 一般规则 —— 因污染环境、破坏生态造成他人损害的 —— 侵权人应当承担侵权责任
- 举证责任 —— 行为人举证
  - 法律规定的不承担责任或者减轻责任的情形
  - 行为与损害之间不存在因果关系
- 两个以上侵权人的责任确定因素
  - 污染物的种类、浓度、排放量
  - 破坏生态的方式、范围、程度
  - 行为对损害后果所起的作用等
- 惩罚性赔偿 —— 要件
  - 违反法律规定故意污染环境、破坏生态
  - 造成严重后果
- 第三人过错责任 —— 结果
  - 被侵权人可以向侵权人请求赔偿
  - 也可以向第三人请求赔偿 ← 追偿
- 生态环境修复责任
  - 侵权人在合理期限内承担修复责任
  - 侵权人在期限内未修复的，委托他人进行修复，所需费用由侵权人负担
- 生态环境损害赔偿范围
  - 生态环境受到损害至修复完成期间服务功能丧失导致的损失
  - 生态环境功能永久性损害造成的损失
  - 生态环境损害调查、鉴定评估等费用
  - 清除污染、修复生态环境费用
  - 防止损害的发生和扩大所支出的合理费用

第一千二百二十九条　污染环境、破坏生态致损的侵权责任

解读 本条是关于环境污染和生态破坏侵权责任的一般规定。根据本条的规定，污染环境、破坏生态的侵权责任为无过错责任，即行为人的行为与污染环境、破坏生态的损害结果有因果关系的，无论其是否存在过错，都应当对其污染行为造成的损害承担侵权责任。

法律
《环境保护法》第2、64条
《海洋环境保护法》第2、78、114、116条
《水污染防治法》第96条
《大气污染防治法》第125条
《噪声污染防治法》第86条
《放射性污染防治法》第59条
《最高人民法院关于审理生态环境侵权责任纠纷案件适用法律若干问题的解释》
《最高人民法院关于审理环境民事公益诉讼案件适用法律若干问题的解释》
《最高人民法院关于适用〈中华人民共和国民事诉讼法〉的解释》第282~289条

案例
指导性案例206号　北京市人民检察院第四分院诉朱清良、朱清涛环境污染民事公益诉讼案
指导性案例210号　九江市人民政府诉江西正鹏环保科技有限公司、杭州连新建材有限公司、李德等生态环境损害赔偿诉讼案
检例第164号　江西省浮梁县人民检察院诉A化工集团有限公司污染环境民事公益诉讼案
公报案例2023年第6期　江苏省建湖县人民检察院诉张少山等32人非法采矿、马朝玉掩饰、隐瞒犯罪所得刑事附带民事公益诉讼案

图表

> 第一千二百二十九条　因污染环境、破坏生态造成他人损害的，侵权人应当承担侵权责任。

对生活环境的污染，包括对大气、水体、海洋、土地等的污染。既包括传统污染，如水污染、大气污染、固体废物污染、噪声污染；也包括新型污染，如辐射污染

对生态环境的破坏，包括破坏生物多样性、破坏生态环境、破坏自然资源造成水土流失等

污染环境、破坏生态致损的侵权责任 —— 无过错责任原则 → 侵权人承担侵权责任

第一千二百三十条　环境污染、生态破坏侵权举证责任

解读 本条是关于环境污染和生态破坏侵权举证责任的规定。环境污染和生态破坏侵权适用举证责任倒置原则，即将提出污染环境、破坏生态事实主张的当事人所负担的举证责任分配给污染环境、破坏生态的行为人，由后者对否定该损害事实承担举证责任；如果行为人举证不能，则推定其污染环境、破坏生态侵权成立。但这并不意味着受害人完全不承担举证责任，其至少应对损害结果的发生及结果与行为人行为之间有关联进行举证。

案例 指导性案例135号　江苏省徐州市人民检察院诉苏州其安工艺品有限公司等环境民事公益诉讼案

> **第一千二百三十条**　因污染环境、破坏生态发生纠纷，行为人应当就法律规定的不承担责任或者减轻责任的情形及其行为与损害之间不存在因果关系承担举证责任。

不限于《民法典》的规定，还包括其他单行法的相关规定

基于环境污染行为的特点，此处的因果关系证据链复杂，受害人证明难度极大，所以此处适用举证责任倒置规则，由行为人对其行为与损害结果之间不存在因果关系承担举证责任

第7章 1229~1235

法律《水污染防治法》第98条

图表

| 环境污染、生态破坏侵权举证责任 | 举证责任倒置 | 行为人应当就法律规定的不承担责任或者减轻责任的情形及其行为与损害之间不存在因果关系承担举证责任 |

第一千二百三十一条　两个以上侵权人的责任确定

解读 本条是关于两个以上侵权人造成损害的责任的规定。具体而言，本条规定的是污染环境、破坏生态侵权责任中多个侵权人内部如何划分责任的问题。根据污染物的种类、浓度、排放量，破坏生态的方式、范围、程度，以及行为对损害后果所起的作用等因素确定承担责任的大小；侵权人对外承担的侵权责任超过前述责任范围的，可向其他侵权人追偿。

案例
2024-11-2-377-004　张某伟诉泗阳某污水处理有限公司、泗阳某环保有限公司等七家公司环境污染责任纠纷案
2024-11-2-377-006　某家庭农场诉某县自然资源与规划局环境污染责任纠纷案
2024-11-2-377-007　张某等12户农户诉某运输公司、李某、罗某、某盐矿、某保险公司等盐卤水泄露环境污染责任纠纷案
2024-11-2-377-002　王某诉临沂某公司环境污染责任纠纷案
2024-11-2-504-001　李某诉北京市某公路发展集团有限公司侵权责任纠纷案

本条规定的是污染环境、破坏生态的共同侵权，需符合以下要件：（1）两个以上侵权主体；（2）行为人实施了污染环境、破坏生态的行为；（3）造成了污染环境、破坏生态的损害结果；（4）多个主体的数个侵权行为与损害有总体上的因果关系

第一千二百三十一条　两个以上侵权人污染环境、破坏生态的，承担责任的大小，根据污染物的种类、浓度、排放量，破坏生态的方式、范围、程度，以及行为对损害后果所起的作用等因素确定。

除此处列举的因素外，还包括污染物的危害性、侵权人有无排污许可证、是否超过污染物排放标准、是否超过重点污染物排放总量控制指标等

法律　《最高人民法院关于审理生态环境侵权责任纠纷案件适用法律若干问题的解释》第5~9条

图表

侵权人1 $N_1\%$ 的责任 ＋ 侵权人2 $N_2\%$ 的责任 ＋ 侵权人3 $N_3\%$ 的责任 ＋ …… ＋ 侵权人x $N_x\%$ 的责任 ＝ 100%的责任

第一千二百三十二条　环境污染、生态破坏侵权的惩罚性赔偿

解读 本条是关于侵权人承担惩罚性赔偿的规定。本条规定有利于充分救济受害人，惩罚恶意侵权人，警示他人不得实施类似行为。但侵权责任赔偿的一般原则是补偿性原则，不能随意对侵权人进行惩罚性赔偿，因此本条对可请求惩罚性赔偿的条件进行了比较严格的规定：（1）侵权人有违反法律规定的行为；若其没有违反法律规定，则不适用惩罚性赔偿原则。（2）侵权人有污染环境、破坏生态的主观故意。（3）污染环境、破坏生态造成严重后果。

法律《民法典》第 9 条
《环境保护法》第 6 条
《最高人民法院关于审理生态环境侵权纠纷案件适用惩罚性赔偿的解释》
《最高人民法院关于印发〈服务保障黄河流域生态保护和高质量发展工作推进会会议纪要〉的通知》第 7 条
《最高人民法院关于印发〈贯彻实施《长江保护法》工作推进会会议纪要〉的通知》第 5 条

案例 检例第 164 号　江西省浮梁县人民检察院诉 A 化工集团有限公司污染环境民事公益诉讼案
公报案例 2023 年第 6 期　江苏省建湖县人民检察院诉张少山等 32 人非法采矿、马朝玉掩饰、隐瞒犯罪所得刑事附带民事公益诉讼案
2023-11-2-466-013　贵州省江口县人民检察院诉陈某平生态破坏民事公益诉讼案

图表

主观心态必须是故意；仅是重大过失的，不适用本条

第一千二百三十二条　侵权人违反法律规定故意污染环境、破坏生态造成严重后果的，被侵权人有权请求相应的惩罚性赔偿。

环境污染、生态破坏侵权的惩罚性赔偿适用条件
- 侵权人有违反法律规定的行为
- 主观故意
- 后果严重

上述情形下受害人可以获得的赔偿 ＝ 补偿性赔偿 ＋ 惩罚性赔偿

第 7 章　1229~1235

第一千二百三十三条　因第三人的过错污染环境、破坏生态的侵权责任

解读 本条是关于因第三人的过错污染环境和破坏生态责任的规定。在此情形下，被侵权人有选择权：其既可以向侵权人请求赔偿，也可以向第三人请求赔偿。但此时侵权人和第三人承担的责任不同：侵权人承担无过错责任，被侵权人无须对侵权人的主观过错承担举证责任；第三人承担的是过错责任，被侵权人须对第三人侵权要件即侵权行为、主观过错、损害结果、因果关系承担举证责任。本条同时规定，侵权人赔偿后，有权向第三人追偿；第三人具体承担多少份额的责任需根据其对损害结果的作用大小具体判断。

案例 2024-11-2-377-007　张某等12户农户诉某运输公司、李某、罗某、某盐矿、某保险公司等盐卤水泄露环境污染责任纠纷案

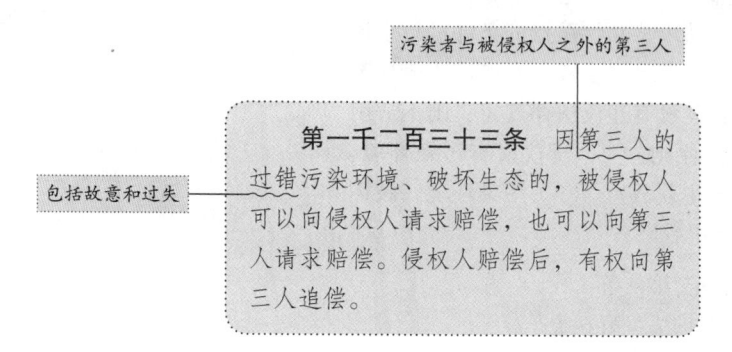

图表

> 污染者与被侵权人之外的第三人
>
> 第一千二百三十三条　因第三人的过错污染环境、破坏生态的，被侵权人可以向侵权人请求赔偿，也可以向第三人请求赔偿。侵权人赔偿后，有权向第三人追偿。
>
> 包括故意和过失

因第三人的过错污染环境、破坏生态的侵权责任
- 选择 → 无过错责任 → 侵权人赔偿
- 过错责任 → 第三人赔偿
- 可追偿

法律
《水污染防治法》第96条
《最高人民法院关于审理生态环境侵权责任纠纷案件适用法律若干问题的解释》第18~20条

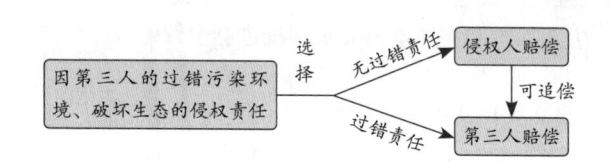

第一千二百三十四条　生态环境修复责任

解读 本条是关于生态环境修复制度的规定。
本条规定了生态环境修复制度的适用前提：（1）主体有过错，有违反国家规定的行为；（2）造成生态环境损害的结果；（3）生态环境能够修复。此时承担修复责任的主体是侵权人，请求侵权人在合理期限内承担修复责任的主体是国家规定的机关或者法律规定的组织。
本条规定的"侵权人在期限内未修复的，国家规定的机关或者法律规定的组织可以自行或者委托他人进行修复"并不代表修复责任主体的转移，只是考虑到生态环境保护的及时性特点，由国家规定的机关或者法律规定的组织尽快完成修复工作，修复责任仍由侵权人承担。

法律
《生态环境损害赔偿制度改革方案》
《最高人民法院关于审理森林资源民事纠纷案件适用法律若干问题的解释》第17条
《最高人民法院关于生态环境侵权案件适用禁止令保全措施的若干规定》第2条
《最高人民法院关于审理环境民事公益诉讼案件适用法律若干问题的解释》第20、23、24条

案例
指导性案例213号　黄某辉、陈某等8人非法捕捞水产品刑事附带民事公益诉讼案
检例第164号　江西省浮梁县人民检察院诉A化工集团有限公司污染环境民事公益诉讼案

图表

生态环境损害赔偿适用过错责任原则

对被污染或破坏的生态环境进行修复，恢复其内在功能，并不是要求恢复原状

第一千二百三十四条　违反国家规定造成生态环境损害，生态环境能够修复的，国家规定的机关或者法律规定的组织有权请求侵权人在合理期限内承担修复责任。侵权人在期限内未修复的，国家规定的机关或者法律规定的组织可以自行或者委托他人进行修复，所需费用由侵权人负担。

不同于个人权益损害，但又与个人权益损害有关联，即有时生态环境受损害时个人权益会因此受到损害

具体修复责任为将生态环境修复到损害发生之前的状态和功能

侵权人此时只是修复主体，但不一定是实施修复行为的主体，而是对修复工作承担责任的主体

生态环境修复制度适用前提：
- 侵权人有违反国家规定的行为
- 造成生态环境损害的结果
- 生态环境能够修复

国家规定的机关或者法律规定的组织 —请求在合理期限内承担修复责任→ 侵权人
国家规定的机关或者法律规定的组织 —代为修复→ ←承担费用— 侵权人

第7章
1229~1235

第一千二百三十五条　生态环境损害赔偿范围

解读 本条是关于生态环境损害赔偿范围的规定。本条通过列举的方式规定了生态环境损害赔偿范围：（1）生态系统服务功能丧失导致的损失；（2）生态系统功能永久性损害造成的损失；（3）生态环境损害调查、鉴定评估等费用，属于生态环境侵权行为衍生费用，是修复期间的必要支出；（4）清除污染、修复生态环境费用，属于生态环境侵权行为衍生费用，是修复期间的必要支出；（5）防止损害的发生和扩大所支出的合理费用，属于生态环境侵权行为衍生费用，是修复期间的必要支出。

法律
《生态环境损害赔偿制度改革方案》
《最高人民法院关于审理森林资源民事纠纷案件适用法律若干问题的解释》第19条
《最高人民法院关于生态环境侵权案件适用禁止令保全措施的若干规定》第2条
《最高人民法院关于生态环境侵权民事诉讼证据的若干规定》第4条
《最高人民法院关于审理生态环境侵权责任纠纷案件适用法律若干问题的解释》第22条
《最高人民法院关于审理环境民事公益诉讼案件适用若干问题的解释》第19~24条

- 生态系统通过自身的作用循环提供给人类的效益或者对生态环境的效益，包括供给功能、调节功能、支持功能与文化功能
- 一般通过价值估算得出损失金额
- 受损生态环境提供服务能力完全丧失且难以恢复
- 特指权利人为了评估生态环境损害情况，针对发生的生态环境损害等收集信息的行为
- 清除污染的全过程，包括方案制订、实施污染清除工作、监测监管、验收评估等
- 修复生态的全过程，包括方案制订、实施修复工作、监测监管、验收评估等
- 鉴定评估机构对生态环境具体情况进行分析评价的行为，这些情况包括损害情况、赔偿费用、修复行为、修复效果等

案例
指导性案例215号　昆明闽某纸业有限责任公司等污染环境刑事附带民事公益诉讼案
公报案例2022年第9期　江西省金溪县人民检察院诉徐华文、方雨平人文遗迹保护民事公益诉讼案
2024-11-2-466-012　某环境研究所诉某电力公司生态环境保护民事公益诉讼案

> **第一千二百三十五条**　违反国家规定造成生态环境损害的，国家规定的机关或者法律规定的组织有权请求侵权人赔偿下列损失和费用：
> （一）生态环境受到损害至修复完成期间服务功能丧失导致的损失；
> （二）生态环境功能永久性损害造成的损失；
> （三）生态环境损害调查、鉴定评估等费用；
> （四）清除污染、修复生态环境费用；
> （五）防止损害的发生和扩大所支出的合理费用。

第八章　高度危险责任

- **高度危险责任**
  - **一般规定**——从事高度危险作业造成他人损害的——应当承担侵权责任
  - **民用核设施或者核材料致害责任**
    - 民用核设施的营运单位应当承担侵权责任
    - 能够证明损害是因战争、武装冲突、暴乱等情形或者受害人故意造成的，不承担责任
  - **民用航空器致害责任**
    - 民用航空器的经营者应当承担侵权责任
    - 能够证明损害是因受害人故意造成的，不承担责任
  - **占有或者使用高度危险物致害责任**
    - 占有人或者使用人应当承担侵权责任
    - 能够证明损害是因受害人故意或者不可抗力造成的，不承担责任
    - 被侵权人对损害的发生有重大过失的，可以减轻占有人或者使用人的责任
  - **从事高空、高压、地下挖掘活动或者使用高速轨道运输工具致害责任**
    - 经营者应当承担侵权责任
    - 能够证明损害是因受害人故意或者不可抗力造成的，不承担责任
    - 被侵权人对损害的发生有重大过失的，可以减轻经营者的责任
  - **遗失、抛弃高度危险物致害责任**
    - 所有人承担侵权责任
    - 所有人将高度危险物交由他人管理的，由管理人承担侵权责任 ← 连带责任
    - 所有人有过错的
  - **非法占有高度危险物致害责任**
    - 非法占有人承担侵权责任 ← 连带责任
    - 所有人、管理人不能证明对防止非法占有尽到高度注意义务的
  - **高度危险场所安全保障责任**——管理人能够证明已经采取足够安全措施并尽到充分警示义务的——可以减轻或者不承担责任
  - **高度危险责任赔偿限额**——法律规定赔偿限额的，依照其规定 → 行为人有故意或者重大过失的除外

第一千二百三十六条　高度危险责任的一般规定

解读 本条是关于高度危险责任的一般规定。随着社会发展和科技进步，很多领域无法避免地涉及高度危险作业，如机械、高速工具、炸药。因此，对从事高度危险作业过程中可能发生的侵权责任进行明确规定很有必要。根据本条的规定，从事高度危险作业造成他人损害的侵权责任为无过错责任，关于是否有免责或减轻责任的事由，本条没有明确规定。针对具体的高度危险责任，法律规定不承担责任或者减轻责任的，应当依照其规定；此处的"法律规定"既包括《民法典》本章的具体规定，也包括其他法律的具体规定。如果法律对某个高度危险行为没有作出具体规定，《民法典》侵权责任编第一章的规定原则上可以适用，如损害是因受害人故意造成的，行为人不承担责任。

案例 2023-16-2-382-001　杨某某诉鲍某某、陈某、朱某某、某电力公司人身损害侵权责任纠纷案

第一千二百三十六条　从事高度危险作业造成他人损害的，应当承担侵权责任。

既包括使用民用核设施、高速轨道运输工具和从事高压、高空、地下采掘等高度危险活动，也包括占有、使用易燃、易爆、剧毒和放射性等高度危险物的行为

不限于赔偿责任，根据具体情况，还涉及消除危险、排除妨碍、恢复原状等

法律
《铁路法》第 58 条
《电力法》第 60 条
《民用航空法》第 124 条

图表

高度危险责任的一般规定 —— 无过错责任原则 → 行为人承担侵权责任

第一千二百三十七条　民用核设施或者核材料致害责任

解读 本条是关于民用核设施致害责任的规定。核科学技术发展过程中，我国一直很重视核安全管理。原则上，民用核设施或者运入运出核设施的核材料发生核事故造成他人损害的，民用核设施的营运单位应当承担侵权责任，此处为无过错责任。本条同时规定了免责事由，即战争、武装冲突、暴乱等情形或者受害人故意。

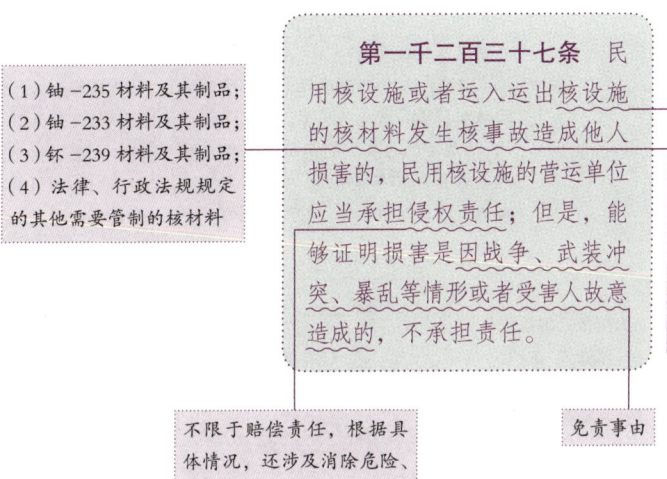

第一千二百三十七条 民用核设施或者运入运出核设施的核材料发生核事故造成他人损害的，民用核设施的营运单位应当承担侵权责任；但是，能够证明损害是因战争、武装冲突、暴乱等情形或者受害人故意造成的，不承担责任。

(1) 铀-235 材料及其制品；
(2) 铀-233 材料及其制品；
(3) 钚-239 材料及其制品；
(4) 法律、行政法规规定的其他需要管制的核材料

(1) 核电厂、核热电厂、核供汽供热厂等核动力厂及装置；
(2) 核动力厂以外的研究堆、实验堆、临界装置等其他反应堆；
(3) 核燃料生产、加工、贮存和后处理设施等核燃料循环设施；
(4) 放射性废物的处理、贮存、处置设施

核设施内的核燃料、放射性产物、放射性废物或者运入运出核设施的核材料所发生的放射性、毒害性、爆炸性或者其他危害性事故，或者一系列事故

不限于赔偿责任，根据具体情况，还涉及消除危险、排除妨碍、恢复原状等

免责事由

民用核设施或者核材料致害责任 —无过错责任→ 民用核设施的营运单位承担侵权责任

免责事由—战争、武装冲突、暴乱等情形或者受害人故意

法律《核安全法》第2、5、90、93条
《放射性污染防治法》第2、59条

· 85 ·

第一千二百三十八条　民用航空器致害责任

解读 本条是关于民用航空器致害责任的规定。原则上，民用航空器造成他人损害的，民用航空器的经营者应当承担侵权责任；此处为无过错责任。本条同时规定了免责事由，即损害是受害人故意造成的，且民用航空器的经营者能够证明此情况。其他法律（如《民用航空法》）规定了免责事由的，依据其他法律处理。

法律 《民用航空法》第124~127、132、157~172条

图表

第一千二百三十八条　民用航空器造成他人损害的，民用航空器的经营者应当承担侵权责任；但是，能够证明损害是因受害人故意造成的，不承担责任。

- 包括以下几种情形：（1）民用航空器在从事旅客、货物运输过程中，对所载运的旅客、货物造成的损害；（2）飞行中（民用航空器为实际起飞而使用动力时起至着陆冲程终了时止）的民用航空器对地面第三人的人身、财产造成的损害
- 非用于执行军事、海关、警察等飞行任务的航空器，既包括运送旅客、货物、邮件等的航空器，又包括从事工业、农业、林业、渔业和建筑业的作业飞行，以及医疗卫生、抢险救灾、气象探测等通用航空的航空器
- 既包括民用航空器机上的损害，也包括民用航空器对机外的损害
- 包括从事运输旅客、货物运输的承运人和从事通用航空的民用航空器使用人
- 免责事由

民用航空器致害责任 —无过错责任→ 民用航空器的经营者承担侵权责任

免责事由：能够证明损害是因受害人故意造成的

第一千二百三十九条　占有或者使用高度危险物致害责任

解读 本条是关于高度危险物致害责任的规定。本条列举的高度危险物是易燃、易爆、剧毒、高放射性、强腐蚀性、高致病性物品，当然也不限于列举的内容。原则上，高度危险物致人损害的，其占有人或者使用人承担侵权责任，此处为无过错责任。本条同时规定了免责事由，即损害是因受害人故意或者不可抗力造成的，且高度危险物的占有人或使用人能够证明此情况。本条还规定了减轻责任事由，即被侵权人对损害的发生有重大过失。

法律
《安全生产法》第 39 条
《核安全法》第 38~47、52、53 条
《危险化学品安全管理条例》第 3 条
《放射性废物安全管理条例》第 2~4 条

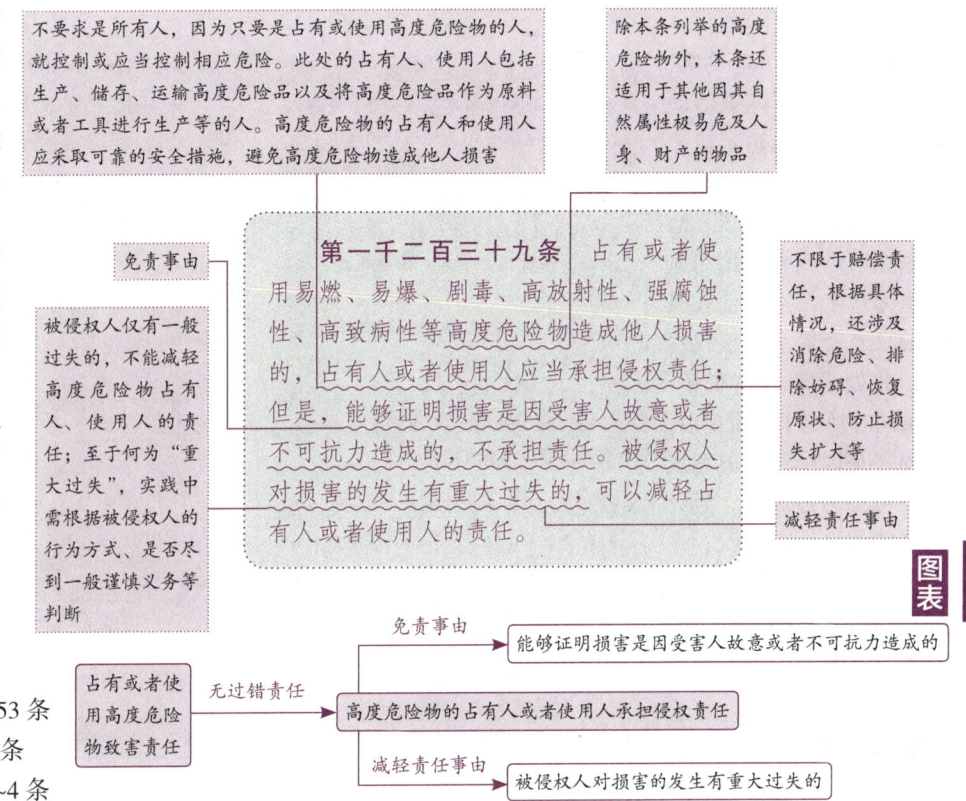

不要求是所有人，因为只要是占有或使用高度危险物的人，就控制或应当控制相应危险。此处的占有人、使用人包括生产、储存、运输高度危险品以及将高度危险品作为原料或者工具进行生产等的人。高度危险物的占有人和使用人应采取可靠的安全措施，避免高度危险物造成他人损害。

除本条列举的高度危险物外，本条还适用于其他因其自然属性极易危及人身、财产的物品。

免责事由

被侵权人仅有一般过失，不能减轻高度危险物占有人、使用人的责任；至于何为"重大过失"，实践中需根据被侵权人的行为方式、是否尽到一般谨慎义务等判断。

第一千二百三十九条 占有或者使用易燃、易爆、剧毒、高放射性、强腐蚀性、高致病性等高度危险物造成他人损害的，占有人或者使用人应当承担侵权责任；但是，能够证明损害是因受害人故意或者不可抗力造成的，不承担责任。被侵权人对损害的发生有重大过失的，可以减轻占有人或者使用人的责任。

不限于赔偿责任，根据具体情况，还涉及消除危险、排除妨碍、恢复原状、防止损失扩大等

减轻责任事由

占有或者使用高度危险物致害责任
- 无过错责任
  - 免责事由：能够证明损害是因受害人故意或者不可抗力造成的
  - 高度危险物的占有人或者使用人承担侵权责任
  - 减轻责任事由：被侵权人对损害的发生有重大过失的

第一千二百四十条　从事高空、高压、地下挖掘活动或者使用高速轨道运输工具致害责任

解读 本条是关于从事高空、高压、地下挖掘活动或者使用高速轨道运输工具致害责任的规定。原则上，从事高空、高压、地下挖掘活动或者使用高速轨道运输工具造成他人损害的，经营者承担侵权责任，此处为无过错责任。本条同时规定了免责事由，即损害是因受害人故意或者不可抗力造成的，且经营者能够证明此情况；本条还规定了减轻责任事由，即被侵权人对损害的发生有重大过失。

高空作业又称高处作业，根据高处作业分级规定，凡距坠落高度基准面2米及其以上，有可能坠落的在高处进行的作业，称为高处作业。坠落基准面是指从作业位置到最低坠落着落点的水平面，坠落高度（又称作业高度）是指从作业位置到坠落基准面的垂直距离。高处作业分为一级、二级、三级和特级高处作业。作业高度在2米以上低于5米时，为一级高处作业；作业高度在5米以上低于15米时，为二级高处作业；作业高度在15米以上低于30米时，为三级高处作业；作业高度在30米以上时，为特级高处作业。

包括从事高空作业的经营者，从事高压活动的经营者（包括发电、输电、配电和用电情况下的经营者），从事挖掘活动的作业单位，从事高速轨道运输的运输企业

案例 2023-16-2-382-001　杨某某诉鲍某某、陈某、朱某某、某电力公司人身损害侵权责任纠纷案

不同行业中，高压标准不同。日常生活中，一般居民用电的电压单相是220伏，三相是380伏，总之是可以致人伤亡的电压

第一千二百四十条　从事高空、高压、地下挖掘活动或者使用高速轨道运输工具造成他人损害的，经营者应当承担侵权责任；但是，能够证明损害是因受害人故意或者不可抗力造成的，不承担责任。被侵权人对损害的发生有重大过失的，可以减轻经营者的责任。

地表下一定深度进行挖掘的行为，包括采矿、地铁工程及各类市政地下工程等

沿着固定轨道行驶的车辆，包括铁路、地铁、轻轨、磁悬浮、有轨电车等

免责事由

减轻责任事由

法律 《高处作业分级》（GB/T 3608-2008）

图表

从事高空、高压、地下挖掘活动或者使用高速轨道运输工具致害责任 →（无过错责任）→ 经营者承担侵权责任

- 免责事由：能够证明损害是因受害人故意或者不可抗力造成的
- 减轻责任事由：被侵权人对损害的发生有重大过失

第一千二百四十一条　遗失、抛弃高度危险物致害责任

解读 本条是关于遗失、抛弃高度危险物造成他人损害的侵权责任的规定。原则上，遗失、抛弃高度危险物造成他人损害的，由所有人承担侵权责任，此处为无过错责任。实际情况下，高度危险物在生产、运输、处理过程中，不可避免地会脱离所有人的占有、控制，由所有人之外的主体作为管理人占有、管理高度危险物的，由管理人承担侵权责任；此时有过错的所有人与管理人承担连带责任，即被侵权人既可以要求管理人承担侵权责任，也可以要求所有人承担侵权责任，还可以要求二者共同承担侵权责任。所有人与管理人承担连带责任的，对内关系中，按照各自责任大小承担相应的赔偿责任；无法确定的，平均分担赔偿责任。

法律
《安全生产法》第39条
《放射性污染防治法》第32、42、43条

图表

> 不仅包括对受害人的赔偿，也包括应当积极采取补救措施，防止损害扩大。遗失高度危险物的，应当立即积极寻找遗失的高度危险物，采取警示措施，同时要立即报告公安及有关主管部门并配合采取应急措施

> 国家对高度危险物品的生产、储存和处理制定了严格的规范。高度危险物的所有人作为控制高度危险品的最直接义务人应当严格遵守有关安全生产规范，对其占有、使用的高度危险物进行储存或者处理时必须合法合规，尽到谨慎义务

> 第一千二百四十一条　遗失、抛弃高度危险物造成他人损害的，由所有人承担侵权责任。所有人将高度危险物交由他人管理的，由管理人承担侵权责任；所有人有过错的，与管理人承担连带责任。

> 一般指有相应资质、运输、储存高度危险物的主体，如危险化学品的专业仓储公司、运输公司

> 如所有人未选择符合资质的管理人，或者未如实说明有关情况

遗失、抛弃高度危险物致害责任 —原则→ 所有人承担侵权责任

例外：所有人将高度危险物交由他人管理的 → 管理人承担侵权责任 —所有人有过错的→ 所有人与管理人承担连带责任

第8章 1236~1244

· 89 ·

第一千二百四十二条　非法占有高度危险物致害责任

解读 本条是关于非法占有高度危险物造成他人损害的侵权责任的规定。国家严格管理高度危险物的生产、使用，所有人和管理人须谨慎保管高度危险物，防止其被盗、丢失。但现实生活中仍会出现有人非法占有高度危险物的情况，此种情况下高度危险物造成他人损害的，原则上由非法占有人承担侵权责任，此处为无过错责任。但此时所有人、管理人须承担自己对防止非法占有尽到高度注意义务的证明责任，否则需要与非法占有人承担连带责任。所有人原因导致高度危险物被非法占有的，所有人与非法占有人承担连带责任；所有人将高度危险物交由管理人管理，管理人原因导致高度危险物被非法占有的，管理人与非法占有人承担连带责任；所有人、管理人都有过错的，所有人、管理人与非法占有人承担连带责任。

法律《安全生产法》第39条
《核安全法》第38条

图表

- 明知自己无权占有，通过非法手段（包括盗窃、抢劫、抢夺等）将他人的物品占为己有

- 第一千二百四十二条　非法占有高度危险物造成他人损害的，由非法占有人承担侵权责任。所有人、管理人不能证明对防止非法占有尽到高度注意义务的，与非法占有人承担连带责任。

- 此时，非法占有人为高度危险物的实际占有、控制人

- 应采取严格的安全措施，防止高度危险物被盗或者非法流失，如将高度危险物放置在特定的区域并由专人看管

非法占有高度危险物致害责任 —无过错责任→ 非法占有人承担侵权责任

所有人、管理人不能证明对防止非法占有尽到高度注意义务的 → 所有人、管理人与非法占有人承担连带责任

第一千二百四十三条　高度危险场所安全保障责任

解读　本条是关于未经许可进入高度危险活动区域或者高度危险物存放区域致害责任承担的规定。相较于原《侵权责任法》第76条，本条将"采取安全措施"修改为"采取足够安全措施"，将"尽到警示义务"修改为"尽到充分警示义务"，加强了对管理人义务的要求；且管理人须对此承担举证责任。管理人能够证明已经采取足够安全措施并尽到充分警示义务的，受害人未经许可进入高度危险区域，其本身具有过错，可以减轻或免除管理人的责任。

案例　公报案例2019年第10期　杨本波、侯章素与中国铁路上海局集团有限公司、中国铁路上海局集团有限公司南京站铁路运输人身损害责任纠纷案

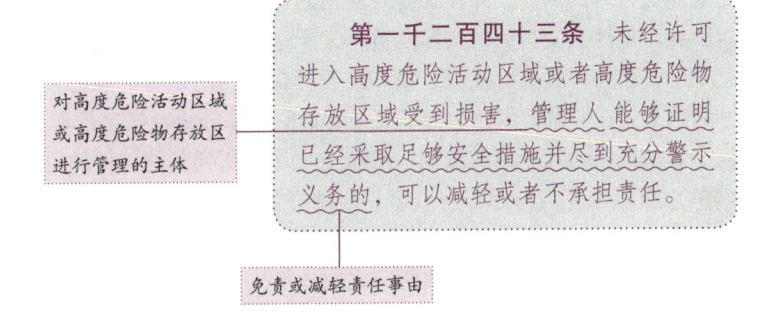

> **第一千二百四十三条**　未经许可进入高度危险活动区域或者高度危险物存放区域受到损害，管理人能够证明已经采取足够安全措施并尽到充分警示义务的，可以减轻或者不承担责任。

- 对高度危险活动区域或高度危险物存放区域进行管理的主体
- 免责或减轻责任事由

法律
- 《铁路法》第51条
- 《危险化学品安全管理条例》第20、21、24条
- 《民用航空安全保卫条例》第11~16、39条
- 《最高人民法院关于审理道路交通事故损害赔偿案件适用法律若干问题的解释》第7条

流程图：
- 未经许可进入高度危险活动区域或者高度危险物存放区域受到损害的 → 管理人承担侵权责任
- 减轻责任或免责事由 ← 管理人能够证明已经采取足够安全措施并尽到充分警示义务的

图表　第8章 1236~1244

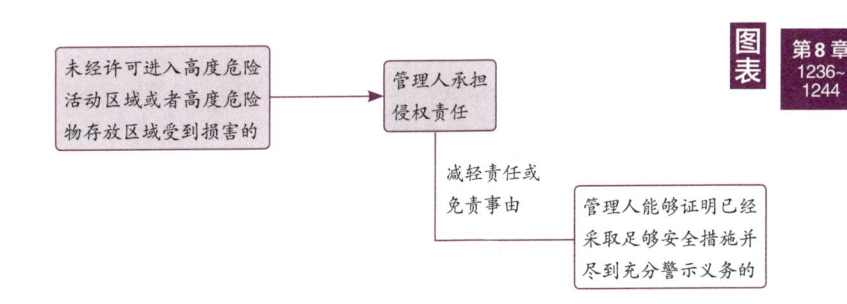

第一千二百四十四条 高度危险责任赔偿限额

解读 本条是关于高度危险责任赔偿限额的规定。（1）我国目前在航空、铁路和核事故等方面规定了高度危险责任赔偿限额。①在民用航空中，国际航空运输承运人的赔偿责任限额按照下列规定执行：第一，对每名旅客的赔偿责任限额为16 600计算单位；但是，旅客可以同承运人书面约定高于本项规定的赔偿责任限额。第二，对托运行李或者货物的赔偿责任限额，每千克为17计算单位。旅客或者托运人在交运托运行李或者货物时，特别声明在目的地点交付时的利益，并在必要时支付附加费的，除承运人证明旅客或者托运人声明的金额高于托运行李或者货物在目的地点交付时的实际利益外，承运人应当在声明金额范围内承担责任。托运行李、货物的一部分或者其中的任何物件毁灭、遗失、损坏或者延误的，用以确定承运人赔偿责任限额的重量，仅为该一包件或者数包件的总重量；但是，因托运行李或者货物的一部分或者托运行李、货物中的任何物件的毁灭、遗失、损坏或者延误，影响同一份行李票或者同一份航空货运单所列其他包件的价值的，确定承运人的赔偿责任限额时，此种包件的总重量也应当考虑在内。第三，对每名旅客随身携带的物品的赔偿责任限额为332计算单位。②核电站的营运者和乏燃料贮存、运输、后处理的营运者，对一次核事故所造成的核事故损害的最高赔偿额为3亿元人民币；其他营运者对一次核事故所造成的核事故损害的最高赔偿额为1亿元人民币。核事故损害的应赔总额超过规定的最高赔偿额的，国家提供最高限额为8亿元人民币的财政补偿。（2）本条也有但书规定，即行为人有故意或者重大过失的不以法律规定的赔偿限额为限。

> **第一千二百四十四条** 承担高度危险责任，法律规定赔偿限额的，依照其规定，但是行为人有故意或者重大过失的除外。

法律
《民用航空法》第128~130、132条
《国务院关于核事故损害赔偿责任问题的批复》第7条
《铁路法》第17条

图表

高度危险责任赔偿限额 —原则→ 法律规定赔偿的限额

例外：行为人有故意或者重大过失

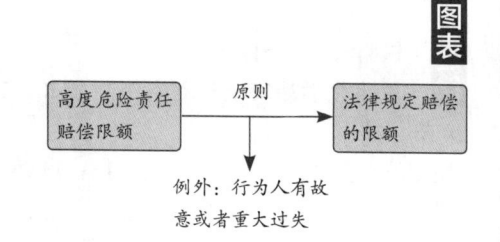

· 92 ·

第九章　饲养动物损害责任

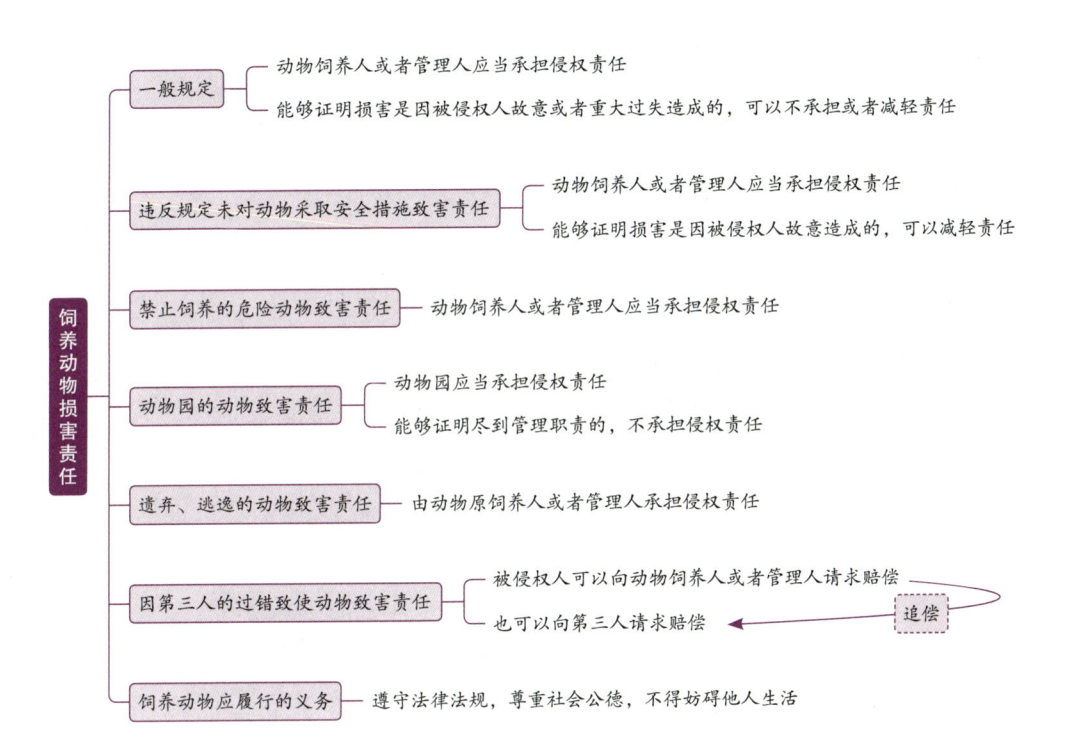

- 饲养动物损害责任
  - 一般规定
    - 动物饲养人或者管理人应当承担侵权责任
    - 能够证明损害是因被侵权人故意或者重大过失造成的，可以不承担或者减轻责任
  - 违反规定未对动物采取安全措施致害责任
    - 动物饲养人或者管理人应当承担侵权责任
    - 能够证明损害是因被侵权人故意造成的，可以减轻责任
  - 禁止饲养的危险动物致害责任
    - 动物饲养人或者管理人应当承担侵权责任
  - 动物园的动物致害责任
    - 动物园应当承担侵权责任
    - 能够证明尽到管理职责的，不承担侵权责任
  - 遗弃、逃逸的动物致害责任
    - 由动物原饲养人或者管理人承担侵权责任
  - 因第三人的过错致使动物致害责任
    - 被侵权人可以向动物饲养人或者管理人请求赔偿 ——（追偿）
    - 也可以向第三人请求赔偿
  - 饲养动物应履行的义务
    - 遵守法律法规，尊重社会公德，不得妨碍他人生活

第一千二百四十五条　饲养动物致害责任的一般规定

解读　本条是关于饲养的动物致人损害的一般规定。原则上，动物的饲养人或者管理人作为动物的占有人本身负有谨慎管束动物的义务；饲养的动物造成他人损害的，动物饲养人或者管理人承担侵权责任。同时，本条规定了前述主体对侵权责任的抗辩事由，即被侵权人有故意或重大过失；此时动物的饲养人或者管理人提出明确证据证明是被侵权人的故意或重大过失造成其自身受损害的结果的，可以免责或减轻责任。

案例　公报案例2019年第10期　欧丽珍诉高燕饲养动物损害责任纠纷案
2024-07-2-380-002　张某甲诉张某乙饲养动物损害责任纠纷案

此处所指的动物应有下列特征：(1)为特定的人所有或者占有；(2)饲养人或者管理人对动物具有适当程度的控制力。具体包括家畜、家禽、宠物或者驯养的野兽，但不包括野生动物

第一千二百四十五条　饲养的动物造成他人损害的，动物饲养人或者管理人应当承担侵权责任；但是，能够证明损害是因被侵权人故意或者重大过失造成的，可以不承担或者减轻责任。

对动物有所有权的主体，如宠物的饲主

实际控制动物但对其没有所有权的主体，如动物园

动物饲养致人损害的抗辩事由，即动物的饲养人或者管理人依法用以减轻或者免除其承担民事责任的事由或者理由，在实务中主要表现为被侵权人对动物的挑逗、刺激等行为

图表

饲养动物致害责任的一般规定 → 动物的饲养人或者管理人承担侵权责任

免责或减轻责任事由 → 能够证明损害是因被侵权人故意或者重大过失造成的

第一千二百四十六条　违反规定未对动物采取安全措施致害责任

解读 本条是关于未对动物采取安全措施造成他人损害的责任承担的规定。动物饲养人或者管理人不仅要对动物本身负责，还要对社会负责，履行相关法律规定的义务。其未采取安全措施造成他人损害的，应当承担侵权责任。本条同时规定了减轻责任的抗辩事由，即能够证明损害是因被侵权人故意造成的；此时动物饲养人或者管理人能够提出证据证明前述情况的，可以减轻责任。

案例 2024-07-2-380-001　洪某某诉欧某、斯某饲养动物损害责任纠纷案

常见的安全措施包括：（1）对动物增强管控，如遛狗时牵绳并给狗戴好嘴套；（2）主要区域和道路禁止遛狗，如学校、医院、商业街区；（3）严格按照各地相关规定选择饲养的宠物类型

目前没有法律对饲养宠物进行统一规范，但一些地区有地方性规定对此进行具体规范

> **第一千二百四十六条**　违反管理规定，未对动物采取安全措施造成他人损害的，动物饲养人或者管理人应当承担侵权责任；但是，能够证明损害是因被侵权人故意造成的，可以减轻责任。

注意此处只能"减轻责任"，而不能"不承担责任"

注意此处只有"故意"情形，不包括"重大过失"情形

图表

违反规定未对动物采取安全措施致害责任 → 动物的饲养人或者管理人承担侵权责任
　　　　　减轻责任事由 → 能够证明损害是因被侵权人故意造成的

第9章　1245~1251

第一千二百四十七条 禁止饲养的危险动物致害责任

解读 本条是关于对禁止饲养的烈性犬等危险动物致人损害责任的规定。只要饲养禁止饲养的烈性犬等危险动物造成他人损害，动物饲养人或者管理人就应当承担侵权责任，没有任何免责或减轻责任事由。

案例
- 最高人民法院饲养动物损害责任典型案例一：徐某某诉刘某某饲养动物损害责任纠纷案
- 最高人民法院饲养动物损害责任典型案例二：洪某某诉欧某、斯某饲养动物损害责任纠纷案
- 最高人民法院饲养动物损害责任典型案例三：张某甲诉张某乙饲养动物损害责任纠纷案
- 最高人民法院饲养动物损害责任典型案例四：安某诉缪某饲养动物损害责任纠纷案
- 最高人民法院饲养动物损害责任典型案例五：张某诉包某饲养动物损害责任纠纷案
- 最高人民法院饲养动物损害责任典型案例六：王某某因违规养犬被公安机关行政处罚案

> 我国很多地方性法规对禁止饲养的烈性犬和大型犬做了明确的规定，具体可参见各个地区的规定。

> **第一千二百四十七条** 禁止饲养的烈性犬等危险动物造成他人损害的，动物饲养人或者管理人应当承担侵权责任。

法律
《北京市养犬管理规定》第10、17、26条
《上海市养犬管理条例》第12、22条

图表

禁止饲养的危险动物致害责任 —— 无过错责任 →→ 动物的饲养人或者管理人承担侵权责任

第一千二百四十八条　动物园的动物致害责任

解读　本条是关于动物园的动物致人损害责任承担的规定。原则上，动物园的动物造成他人损害的，动物园应当承担侵权责任。此处适用过错推定原则，即动物园须证明尽到管理职责，否则应承担相应侵权责任。

案例　公报案例 2013 年第 8 期　谢叶阳诉上海动物园饲养动物致人损害纠纷案

> 动物园本身应负高度注意义务，主要表现为采取安全措施，如保证设备无瑕疵、设立明显有效的警示牌、对游客挑逗动物等危险行为及时制止

> **第一千二百四十八条**　动物园的动物造成他人损害的，动物园应当承担侵权责任；但是，能够证明尽到管理职责的，不承担侵权责任。

> 过错推定原则

> 此处动物限定为动物园的动物，不包括野生动物

法律　《城市动物园管理规定》第 15~21 条

图表　过错推定原则：证明尽到管理职责，否则

动物园的动物致害责任 → 动物园承担侵权责任

第 9 章　1245~1251

第一千二百四十九条　遗弃、逃逸的动物致害责任

解读 本条是关于遗弃、逃逸的动物在遗弃、逃逸期间造成他人损害责任的规定。无论是动物饲养人或者管理人故意抛弃动物，还是因其过失导致动物逃逸，只要遗弃、逃逸的动物在遗弃、逃逸期间造成他人损害，动物原饲养人或者管理人就应当承担侵权责任，没有任何免责或减轻责任事由。

> 既包括饲养人或者管理人主动抛弃动物的情况；也包括动物因饲养人或者管理人未尽到注意义务，动物自己走失、逃跑的情况。

> 指动物脱离饲养人或管理人占有和控制的期间。一旦原饲养人或管理人重新占有该动物，或者有新饲养人或管理人占有该动物，则不适用本条规定。

第一千二百四十九条　遗弃、逃逸的动物在遗弃、逃逸期间造成他人损害的，由动物原饲养人或者管理人承担侵权责任。

遗弃、逃逸的动物致害责任 → 动物原饲养人或者管理人承担侵权责任

第一千二百五十条　因第三人的过错致使动物致害责任

解读 本条是关于因第三人的过错致使动物造成他人损害责任承担的规定。实践中，常出现动物饲养人或者管理人以及被侵权人以外的第三人故意挑逗、刺激动物等，导致动物伤人的情况。本条对于此类情况下的侵权责任承担进行了规定。此时被侵权人面对两方主体，即动物饲养人或者管理人，以及第三人，可以选择请求任一方赔偿，这方便了被侵权人及时获得赔偿。若动物饲养人或者管理人依法对被侵权人进行了赔偿，其有对有过错的第三人追偿的权利。

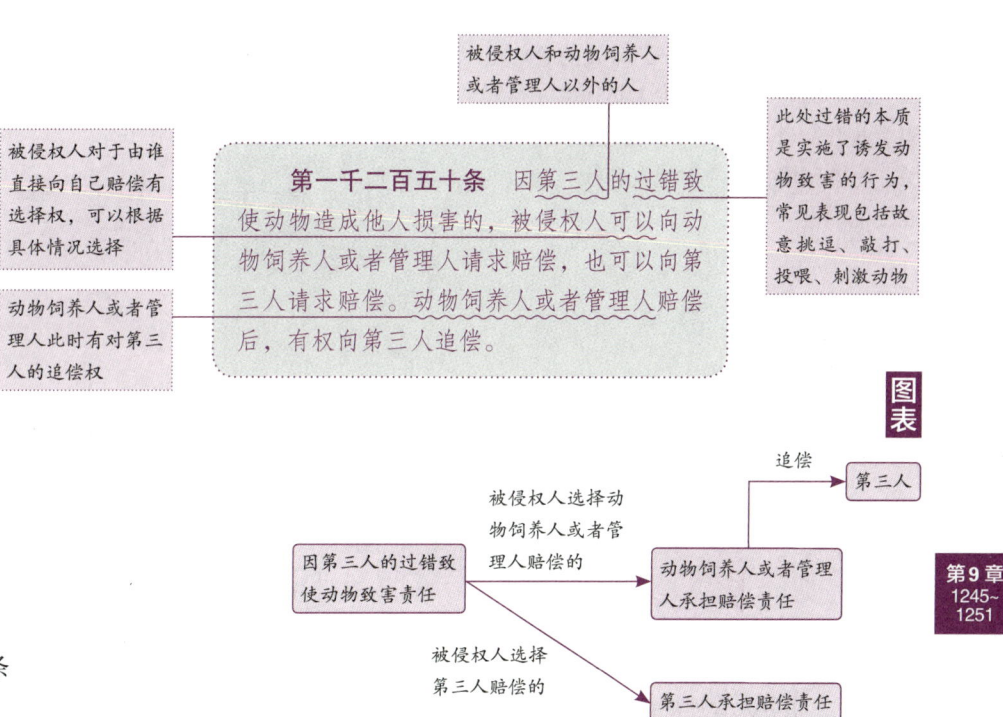

第一千二百五十条　因第三人的过错致使动物造成他人损害的，被侵权人可以向动物饲养人或者管理人请求赔偿，也可以向第三人请求赔偿。动物饲养人或者管理人赔偿后，有权向第三人追偿。

- 被侵权人和动物饲养人或者管理人以外的人
- 此处过错的本质是实施了诱发动物致害的行为，常见表现包括故意挑逗、敲打、投喂、刺激动物
- 被侵权人对于由谁直接向自己赔偿有选择权，可以根据具体情况选择
- 动物饲养人或者管理人此时有对第三人的追偿权

图表

因第三人的过错致使动物致害责任
- 被侵权人选择动物饲养人或者管理人赔偿的 → 动物饲养人或者管理人承担赔偿责任 →（追偿）第三人
- 被侵权人选择第三人赔偿的 → 第三人承担赔偿责任

法律《北京市养犬管理规定》第18条

第9章 1245~1251

第一千二百五十一条 饲养动物应履行的义务

解读 本条是关于饲养动物应当遵守法律的规定。饲养动物是每个公民的权利，但由于动物的行为约束全部靠动物饲养人或者管理人的管制，动物饲养人或者管理人必须遵守相关规定，不应伤害别人、滋事扰民、污染环境，不应对他人和社会造成侵扰。

> 第一千二百五十一条 饲养动物应当遵守法律法规，尊重社会公德，不得妨碍他人生活。

图表

饲养动物的注意事项：
- 饲养的动物种类严格遵守相关规定，不饲养禁止饲养的危险动物
- 按时带动物注射疫苗、进行检查，不随意弃养动物
- 不携带动物到学校、医院、展览馆、影剧院、候车室等禁止动物进入的公共场所
- 携带动物到可以进入的公共场所时，做好牵引，避让老人、小孩等
- 携带动物出户时，及时清理动物粪便
- 不让动物干扰他人正常生活，及时制止动物大声吠叫等行为

法律
《动物防疫法》第 17 条
《北京市养犬管理规定》第 17 条

第十章　建筑物和物件损害责任

- **建筑物和物件损害责任**
  - 建筑物、构筑物或者其他设施倒塌、塌陷致害责任
    - 建设单位与施工单位承担连带责任 —— 有其他责任人的，有权向其他责任人追偿
    - 建设单位与施工单位能够证明不存在质量缺陷的除外
    - 因所有人、管理人、使用人或者第三人的原因致害的，由所有人、管理人、使用人或者第三人承担侵权责任
  - 建筑物、构筑物或者其他设施及其搁置物、悬挂物发生脱落、坠落致害责任
    - 所有人、管理人或者使用人不能证明自己没有过错的，应当承担侵权责任 —— 有其他责任人的，有权向其他责任人追偿
  - 不明抛掷物、坠落物致害责任
    - 侵权人依法承担侵权责任
    - 难以确定具体侵权人的 —— 由可能加害的建筑物使用人给予补偿 —— 有权向侵权人追偿
      - 能够证明自己不是侵权人的除外
  - 堆放物倒塌、滚落或者滑落致害责任
    - 堆放人不能证明自己没有过错的，应当承担侵权责任
  - 在公共道路上堆放、倾倒、遗撒妨碍通行的物品致害责任
    - 行为人承担侵权责任
    - 公共道路管理人不能证明已经尽到清理、防护、警示等义务的，应当承担相应的责任
  - 林木折断、倾倒或者果实坠落等致害责任
    - 林木的所有人或者管理人不能证明自己没有过错的，应当承担侵权责任
  - 在公共场所或者道路上挖掘、修缮安装地下设施等致害责任
    - 施工人不能证明已经设置明显标志和采取安全措施的，应当承担侵权责任
  - 窨井等地下设施致害责任
    - 管理人不能证明尽到管理职责的，应当承担侵权责任

第一千二百五十二条 建筑物、构筑物或者其他设施倒塌、塌陷致害责任

解读 本条是关于建筑物、构筑物或者其他设施倒塌、塌陷造成他人损害责任的规定。第1款规定了此类侵权纠纷中责任承担的一般原则,建设单位与施工单位承担连带责任,即被侵权人既可以要求建设单位承担侵权责任,也可以要求施工单位承担侵权责任,还可以要求两者共同承担侵权责任,建设单位、施工单位能够证明不存在质量缺陷的除外。同时,建设单位和施工单位有权对其他责任人追偿。第2款规定了例外情况,即人为原因造成建筑物、构筑物或者其他设施倒塌、塌陷的,相关人员承担侵权责任。

法律《建筑法》第55、56、58条
《刑法》第137条

图表

人工建造的、固定在土地上,其空间用于居住、生产或者存放物品的设施,如住宅、办公楼、商店、仓库

人工建造的、固定在土地上、建筑物以外的某些设施,如道路、烟囱、水塔、桥梁、水坝

建筑物、构筑物或者其他设施坍塌、倒覆,造成该建筑物、构筑物或者其他设施丧失基本使用功能

总发包人,常见的有房地产开发企业、机关、工厂等

包括勘察单位、设计单位、监理单位,以及这些单位以外的责任人

建设项目承包人,须持有依法取得的资质证书。总承包单位和分包单位承担连带责任

> 第一千二百五十二条 建筑物、构筑物或者其他设施倒塌、塌陷造成他人损害的,由建设单位与施工单位承担连带责任,但是建设单位与施工单位能够证明不存在质量缺陷的除外。建设单位、施工单位赔偿后,有其他责任人的,有权向其他责任人追偿。
> 因所有人、管理人、使用人或者第三人的原因,建筑物、构筑物或者其他设施倒塌、塌陷造成他人损害的,由所有人、管理人、使用人或者第三人承担侵权责任。

建筑物、构筑物或者其他设施倒塌、塌陷致害责任
— 一般情况 → 建设单位与施工单位承担连带责任 → 建设单位与施工单位能够证明不存在质量缺陷的除外
— 例外:因所有人、管理人、使用人或者第三人的原因 → 所有人、管理人、使用人或者第三人承担侵权责任
追偿 → 其他责任人

第一千二百五十三条　建筑物、构筑物或者其他设施及其搁置物、悬挂物发生脱落、坠落致害责任

解读　本条是关于建筑物、构筑物或者其他设施及其搁置物、悬挂物发生脱落、坠落造成他人损害责任的规定。责任主体是建筑物等设施及其搁置物、悬挂物的所有人、管理人、使用人，适用过错推定原则，即不能证明自己没有过错的承担侵权责任。还有其他责任人的，前述承担侵权责任的主体可以追偿。

案例
2024-18-2-001-006　杨某杰诉某食品商行生命权、身体权、健康权纠纷案
2024-07-2-381-001　深圳市某科技股份有限公司诉深圳市某物业管理有限公司、深圳市某电子股份有限公司物件损害责任纠纷案

图表

第一千二百五十三条　建筑物、构筑物或者其他设施及其搁置物、悬挂物发生脱落、坠落造成他人损害，所有人、管理人或者使用人不能证明自己没有过错的，应当承担侵权责任。所有人、管理人或者使用人赔偿后，有其他责任人的，有权向其他责任人追偿。

- 非建筑物、构筑物或者其他设施本身组成部分的物品，如房屋墙壁上的瓷砖、窗台上的摆件、天花板上的吊灯
- 人工建造的、固定在土地上，其空间用于居住、生产或者存放物品的设施，如住宅、办公楼、商店、仓库
- 人工建造的、固定在土地上、建筑物以外的某些设施，如道路、烟囱、水塔、桥梁、水坝
- 建筑物、构筑物或者其他设施的某一个组成部分及搁置物、悬挂物从建筑物、构筑物或者其他设施上脱落、坠落，如房屋墙皮脱落、窗台上的摆件坠落、房屋窗户玻璃坠落
- 对建筑物等设施及其搁置物、悬挂物有所有权的主体
- 这些责任主体本身应承担对建筑物、构筑物或者其他设施上的搁置物、悬挂物的合理管理、维护义务。此处表述说明本条采用过错推定原则
- 对建筑物等设施及其搁置物、悬挂物有管理义务的主体
- 因租赁、借用等情形使用建筑物等设施及其搁置物、悬挂物的主体

建筑物、构筑物或者其他设施及其搁置物、悬挂物发生脱落、坠落致害责任 → 过错推定原则：证明自己没有过错，否则 → 其所有人、管理人、使用人承担侵权责任 → 追偿 → 其他责任人

第10章　1252~1258

· 103 ·

第一千二百五十四条　不明抛掷物、坠落物致害责任

解读 本条是关于从建筑物中抛掷物品或者从建筑物上坠落的物品造成他人损害责任的规定，也就是一度引发热议的"头顶上的安全"。本条第1款明确禁止高空抛物或坠物行为。原则上由侵权人承担侵权责任；但现实中经常难以确认侵权人，此时需要调查取证确定侵权人，否则，可能加害的建筑物使用人在无法证明自己不是侵权人的情况下，补偿被侵权人。但在确定实际侵权人后，前述补偿主体可向侵权人追偿。本条第2款规定了建筑物管理人对此问题的安全保障义务。第3款规定了公安等机关的及时调查义务。

法律《民法典》第942、1198条
《最高人民法院关于适用〈中华人民共和国民法典〉侵权责任编的解释（一）》第24、25条
《最高人民法院关于适用〈中华人民共和国民法典〉时间效力的若干规定》第19条

案例 人民法院贯彻实施民法典典型案例（第一批）之十三：庾某娴诉黄某辉高空抛物损害责任纠纷案

> **第一千二百五十四条**　禁止从建筑物中抛掷物品。从建筑物中抛掷物品或者从建筑物上坠落的物品造成他人损害的，由侵权人依法承担侵权责任；经调查难以确定具体侵权人的，除能够证明自己不是侵权人的外，由可能加害的建筑物使用人给予补偿。可能加害的建筑物使用人补偿后，有权向侵权人追偿。
> 物业服务企业等建筑物管理人应当采取必要的安全保障措施防止前款规定情形的发生；未采取必要的安全保障措施的，应当依法承担未履行安全保障义务的侵权责任。
> 发生本条第一款规定的情形的，公安等机关应当依法及时调查，查清责任人。

- 抛掷物品的人或者坠落物品的所有人、管理人、使用人
- 在侵权行为发生时建筑物的实际使用人，包括使用建筑物的所有权人、承租人、借用人以及其他使用建筑物的人
- 限定为"从建筑物中"，如非此情形，则不属于本条规定的侵权情形
- 可要求小区物业调查，或者报警并要求公安机关调查
- 与业主签订物业服务合同的物业公司等主体

图表

不明抛掷物、坠落物致害责任
- 未采取必要的安全保障措施的建筑物管理人 / 未履行安全保障义务的侵权责任
- 经调查难以确定具体侵权人的 → 可能加害的建筑物使用人给予补偿 → 追偿 → 侵权人
- 有明确侵权人的 → 侵权人承担侵权责任

第一千二百五十五条　堆放物倒塌、滚落或者滑落致害责任

解读 本条是关于堆放物造成他人损害责任的规定。原则上，由堆放人承担堆放物倒塌、滚落或者滑落造成他人损害的责任。此处适用过错推定原则，即堆放人需证明自己没有过错，否则承担相应侵权责任。

> 堆放在土地上或者其他地方的物品。堆放物须是非固定在其他物体上的，如木料场堆放的木材、建筑工地上堆放的砖块

> 包括堆放物整体或者部分的倒塌、脱落、坠落、滑落、滚落

> 将物体堆放在某处的人，包括物体的所有人、管理人

第一千二百五十五条 堆放物倒塌、滚落或者滑落造成他人损害，堆放人不能证明自己没有过错的，应当承担侵权责任。

> 过错推定原则

法律《最高人民法院关于处理涉及汶川地震相关案件适用法律问题的意见（二）》第9条

图表

| 堆放物倒塌、滚落或者滑落致害责任 | 过错推定原则：证明自己没有过错，否则 | 堆放人承担侵权责任 |

第10章　1252~1258

第一千二百五十六条　在公共道路上堆放、倾倒、遗撒妨碍通行的物品致害责任

解读 本条是关于在公共道路上堆放、倾倒、遗撒妨碍通行的物品造成他人损害责任的规定。原则上，由行为人承担在公共道路上堆放、倾倒、遗撒妨碍通行的物品致害责任。由于公共道路管理人对公路负有规划、管理等责任，其对此类侵权承担过错推定责任，即公共道路管理人不能证明已经尽到清理、防护、警示等义务的，应当承担相应的责任。

法律 《公路法》第46条

图表

> **第一千二百五十六条**　在公共道路上堆放、倾倒、遗撒妨碍通行的物品造成他人损害的，由行为人承担侵权责任。公共道路管理人不能证明已经尽到清理、防护、警示等义务的，应当承担相应的责任。

- 公共通行的道路，既包括公路渡口、公路路基、路面、桥梁、涵洞、隧道，也包括广场、停车场；既包括机动车通行道，也包括非机动车通行道、人行道
- 影响他人对公共道路的正常合理使用
- 负责公路的规划、建设、养护、经营、使用和管理的人员
- 既包括固体物，如遗撒的砂石、堆放的谷物、倾倒的垃圾、非法设置的路障；也包括液体、气体，如泄漏的汽油、排放的遮蔽视线的废气
- 既包括对行人直接的损害，如行人因堆放物摔倒受伤；也包括汽车因妨碍通行的物品行驶受到影响，发生交通事故
- 公共道路管理人承担过错推定责任
- 与其过错程度相适应的责任

在公共道路上堆放、倾倒、遗撒妨碍通行的物品致害责任
- 一般情况 → 行为人承担侵权责任
- 过错推定原则：证明自己已经尽到清理、防护、警示等义务，否则 → 公共道路管理人承担相应的责任

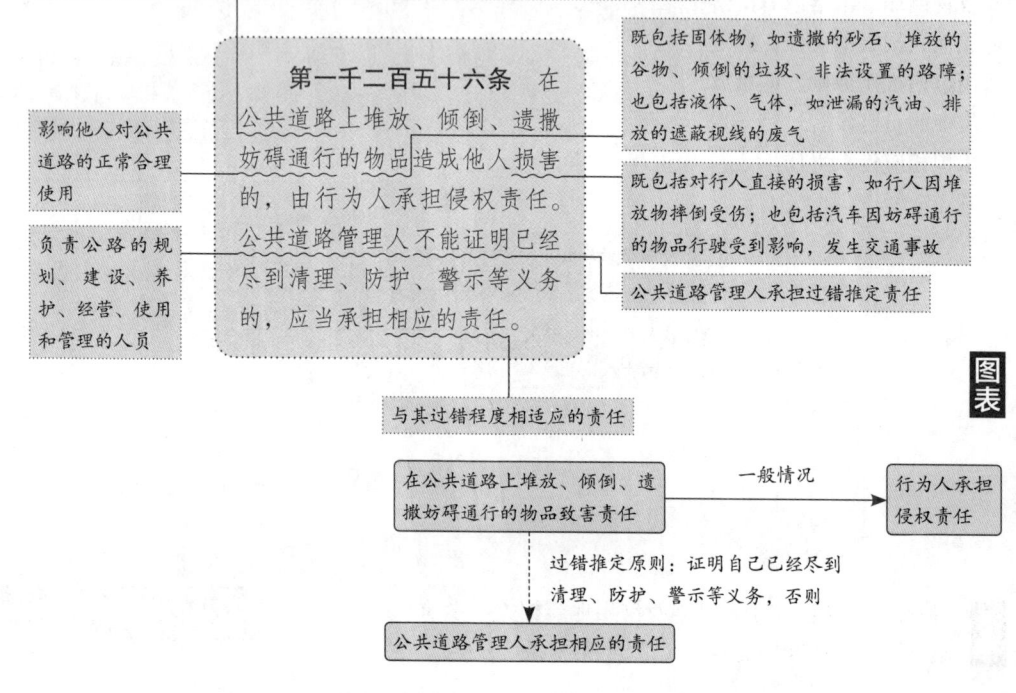

第一千二百五十七条　林木折断、倾倒或者果实坠落等致害责任

解读 本条是关于林木造成他人损害责任的规定。原则上，由林木的所有人或者管理人承担林木折断、倾倒或者果实坠落等造成他人损害的责任。此处适用过错推定原则，即林木的所有人或者管理人需证明自己没有过错，否则承担相应的侵权责任。

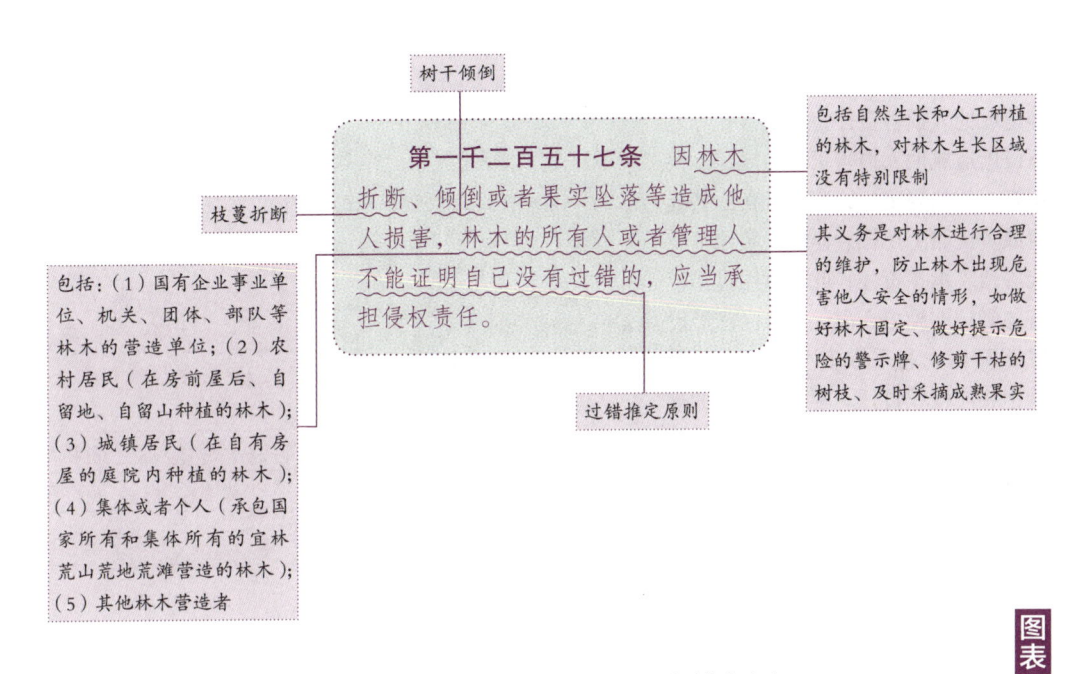

第一千二百五十七条　因林木折断、倾倒或者果实坠落等造成他人损害，林木的所有人或者管理人不能证明自己没有过错的，应当承担侵权责任。

- 树干倾倒
- 枝蔓折断
- 过错推定原则

包括自然生长和人工种植的林木，对林木生长区域没有特别限制

其义务是对林木进行合理的维护，防止林木出现危害他人安全的情形，如做好林木固定、做好提示危险的警示牌、修剪干枯的树枝、及时采摘成熟果实

包括：（1）国有企业事业单位、机关、团体、部队等林木的营造单位；（2）农村居民（在房前屋后、自留地、自留山种植的林木）；（3）城镇居民（在自有房屋的庭院内种植的林木）；（4）集体或者个人（承包国家所有和集体所有的宜林荒山荒地荒滩营造的林木）；（5）其他林木营造者

法律《森林法》第20条

图表

过错推定原则：
林木折断、倾倒或者果实坠落等致害责任 → 证明自己没有过错，否则 → 林木的所有人或者管理人承担侵权责任

第10章 1252~1258

第一千二百五十八条　在公共场所或者道路上挖掘、修缮安装地下设施等及窨井等地下设施致害责任

解读 本条是关于在公共场所或者道路上挖坑、修缮安装地下设施等造成他人损害责任，以及窨井等地下设施造成他人损害责任的规定。根据第1款的规定，施工人对在公共场所或者道路上挖掘、修缮安装地下设施等致害承担责任；此处适用过错推定原则，即施工人需证明自己已经设置明显标志和采取安全措施，否则承担相应侵权责任。根据第2款的规定，管理人对窨井等地下设施致害承担责任；此处适用过错推定原则，即管理人需证明自己尽到管理职责，否则承担相应侵权责任。

法律《道路交通安全法》第32、104、105条
《公路法》第32条
《城市道路管理条例》第23、24、35条
《公路安全保护条例》第44、50~52条

案例 2024-16-2-504-001　覃某诉新疆某热力公司、某物业公司侵权责任纠纷案

图表

第一千二百五十八条
在公共场所或者道路上挖掘、修缮安装地下设施等造成他人损害，施工人不能证明已经设置明显标志和采取安全措施的，应当承担侵权责任。
窨井等地下设施造成他人损害，管理人不能证明尽到管理职责的，应当承担侵权责任。

- 组织施工的单位或者个人，而非施工单位的工作人员或者个体施工人的雇员
- （1）标志须有明显性，足以引起他人对施工现场的注意，使其可以采取减速、绕行等应对措施。（2）标志须固定好，保证在施工期间持续起到提示作用
- 上下水道或者其他地下管线工程中，为便于检查或疏通而设置的井状构筑物
- 负责对地下设施进行管理、维护的单位或者个人

- 如架设电线、铺设管道、维修公路、修缮下水道
- 过错推定原则
- 安全措施须有效，足以保证他人安全，如设置围栏或路障，让他人无法靠近
- 其他地下设施包括地窖、水井、下水道以及其他地下坑道
- 过错推定原则

第1款：在公共场所或者道路上挖掘、修缮安装地下设施等致害责任 → 过错推定原则：证明已经设置明显标志和采取安全措施，否则 → 施工人承担侵权责任

第2款：窨井等地下设施致害责任 → 过错推定原则：证明尽到管理职责，否则 → 管理人承担侵权责任